Sportwissenschaft und Sportpraxis

Herausgeber: Clemens Czwalina ISSN 0342-457X

Band 67

Oliver Maehl / Olaf Höhnke

Aufwärmen

Anleitungen und Programme für die Sportpraxis

Verlag Ingrid Czwalina D-2070 Ahrensburg bei Hamburg

Wir danken

A. Eising, M. Fleischfreßer, R. Hendes, L. Juitschenko, H. Kirste, D. Ladipo, M. Müller, U. Schobes, C. Weber, W. Bröcker, C. Burmeister, H. Hartmann, M. Heil, N. Heinsohn, J. Hufert, G. Müller, R. Pöhler, W.-D. Reiche, M. Seago, Prof. Dr. H. Tiwald und J. Wollenhaupt

für die Mitarbeit an diesem Buch.

Redaktion und Layout: Udo Krell

CIP-Titelaufnahme der Deutschen Bibliothek

Maehl, Oliver:
Aufwärmen : Anleitungen u. Programme für d. Sportpraxis /
Oliver Maehl ; Olaf Höhnke. – 1. Aufl. – Ahrensburg bei
Hamburg : Czwalina, 1988
    (Sportwissenschaft und Sportpraxis ; Bd. 67)
    ISBN 3-88020-176-5
NE: Höhnke, Olaf:; GT

ISSN 0342-457X
ISBN 3-88020-176-5
1. Auflage/Ahrensburg 1988
Copyright by Verlag Ingrid Czwalina, D-2070 Ahrensburg bei Hamburg
Printed in the Federal Republic of Germany
Herstellung: WERTDRUCK, D-2000 Hamburg 73

INHALTSVERZEICHNIS

I	EINLEITUNG	5
II	HINWEISE ZUR BENUTZUNG DES BUCHES	8
III	ZUR ERSTELLUNG EINES AUFWÄRMPROGRAMMES	10
IV	KATALOG DER AUFWÄRMÜBUNGEN	13
	1 Allgemeines Aufwärmen	13
	1.1 Aufwärmen in der Fortbewegung	13
	1.1.1 Laufgymnastik	13
	1.1.2 Laufexperimente	20
	1.2 Aufwärmübungen am Ort	21
	1.2.1 Hüpf- und Sprungübungen	21
	1.2.2 Übungen im Stand	25
	1.2.3 Aufwärmen mit dem Seil	31
	1.3 Partnerübungen	32
	1.4 Spielerisches Aufwärmen	38
	2 Spezielles Aufwärmen	42
	2.1 Muskeldehnung	42
	2.1.1 Methoden zur Verbesserung der Beweglichkeit	44
	2.1.2 Praktische Hinweise zur Durchführung von Dehnübungen	46
	2.1.3 Basisprogramm Muskeldehnung	47
	2.2 Muskelkräftigung	52
	2.2.1 Übungen zur Kräftigung der Rumpfmuskulatur	55
	2.2.2 Übungen zur Kräftigung der Füße und Sprunggelenke	64
	2.3 Koordinative Basisübungen ("Sprint-ABC")	67
V	AUFWÄRMPROGRAMME FÜR EINZELNE SPORTARTEN	70
	1 Leichtathletik : Techniktraining Hürdenlauf	71
	2 Handball : Punktspielvorbereitung	75
	3 Volleyball : Breitensport	78
	4 Rudern : Wettkampfvorbereitung	82
	5 Tennis : Kindertraining	88
	6 Basketball : Punktspielvorbereitung	92
	7 Fußball : Jugendtraining	96
	8 Judo : Jugendtraining	100

     9   Fitnesstraining: Breitensport   106
    10   Rollstuhlsport : Wettkampfvorbereitung
                          Rollstuhltennis   110
    11   Ganzkörpergymnastik   116

VI   ABWÄRMEN - COOL-DOWN   125
       Dehnübungen   129
       Lockerungsübungen   132

VII   THEORETISCHE GRUNDLAGEN   137

       1   Arten des Aufwärmens   138
       2   Dosierung des Aufwärmens   141
       3   Einflußfaktoren auf Dosierung und
           Durchführung des Aufwärmens   142
       3.1 Funktion des Aufwärmens   143
       3.2 Physische Voraussetzungen   145
       3.3 Psychische Voraussetzungen   146
       3.4 Erfahrung und Selbständigkeit   150
       3.5 Äußere Faktoren   151
       4   Zur Temperaturregulation im menschlichen Körper   153
       5   Physiologische Wirkungen des Aufwärmens   156
       5.1 Stoffwechsel   157
       5.2 Atmung und Herz-Kreislaufsystem   159
       5.3 Neurodynamik   164
       5.4 Muskulatur   165
       5.5 Gelenke   165
       6   Psychische Auswirkungen des Aufwärmens   168

VIII   ZUR OBJEKTIVIERUNG AUSGEWÄHLTER AUFWÄRMPROGRAMME   170
       (Interpretation der Herzfrequenzkurven)

       Aufwärmprogramm Leichtathletik   172
       Aufwärmprogramm Volleyball   174
       Aufwärmprogramm Rudern   176
       Aufwärmprogramm Judo   178
       Aufwärmprogramm Fitnesstraining   180
       Aufwärmprogramm Ganzkörpergymnastik   182

IX   LITERATURVERZEICHNIS   184

I EINLEITUNG

Zahlreiche Beobachtungen von Sportstunden und Trainingseinheiten mit verschiedensten sportartspezifischen Inhalten führten zu der Erkenntnis, daß die Aufwärmarbeit in den meisten Fällen wenig abwechslungsreich gestaltet und zudem oft nicht sachgerecht durchgeführt wird. Anscheinend gibt es viele Lehrer, Übungsleiter und auch Sportstudenten, denen die entsprechenden Informationen fehlen bzw. die über ein zu kleines praktisches Übungsrepertoire verfügen, um ein richtig strukturiertes und zugleich variantenreiches Aufwärmprogramm anbieten zu können.

Diese Feststellung mag im ersten Moment in krassem Widerspruch zur Publizität der Thematik "Aufwärmen" stehen. Das Aufwärmen ist in den letzten Jahrzehnten Gegenstand sehr vieler Zeitschriftenveröffentlichungen gewesen und bis heute ein vieldiskutierter Bereich geblieben. Interessante Informationen findet man auch in sportartspezifischen Fachbüchern sowie Büchern zur Trainingslehre und Sportmedizin.

Bei näherer Betrachtung dieser Literatur fällt jedoch auf, daß trotz des umfangreichen Materials zu wenig praktische Hilfen zur Erstellung eines Aufwärmprogrammes gegeben werden. Die Ausführungen sind häufig zu allgemein gehalten - und damit für die Praxis von geringem Wert - oder sie beziehen sich ausschließlich auf bestimmte Bereiche des Aufwärmprozesses, wie etwa die Muskeldehnung oder spezielle sportartspezifische Aufwärmformen. Viele der angebotenen Übungskataloge enthalten zudem nicht selten solche Übungen, die in der Trainingspraxis aus organisatorischen, räumlichen oder materiellen Gründen undurchführbar sind oder sogar den Bewegungsapparat unphysiologisch belasten (dem in der funktionellen Anatomie bewanderten Leser wird empfohlen, sich in dieser Hinsicht einmal die Mühe zu machen, die "zweckgymnastische" Literatur kritisch zu sichten).

Besonders auffällig sind die vielen verschiedenen, ja sogar widersprüchlichen Abhandlungen über das Aufwärmen. Als Beispiel aus jüngster Zeit sei hier die wieder einmal aufgeflammte Diskussion über den sogenannten Kaltstart vor Kurzzeitbelastungen genannt. So soll nach den neuesten Erkenntnissen einer Arbeitsgruppe aus Biologen und Sportmedizinern der Universität Gießen ein kalter Muskel bei Sprintbelastungen eine höhere Leistungsfähigkeit erbringen als ein warmer Muskel. Veröffentlichungen dieser Art stellen zahlreiche Erkenntnisse über die physiologischen Grundlagen des Aufwärmens infrage und führen eher zu einer Belastung der praktischen Trainingsarbeit, da sie sogar fachlich versierte Trainer und Lehrer verunsichern.

Als Tatsache bleibt also festzuhalten, daß der Ratsuchende in der Literatur nur wenige Anregungen, d.h. praktische Beispiele und Orientierungshilfen zur Gestaltung eines vollständigen Aufwärmprogrammes findet. So muß er sich die entsprechenden Übungsformen und Übungsmittel aus verschiedenen Büchern zusammensuchen, um sie dann mehr oder weniger willkürlich miteinander zu kombinieren.

Das vorliegende Buch will diese Lücke schließen und bietet zu diesem Zweck Übungskataloge für alle Bereiche des Aufwärmprozesses (allgemeines Aufwärmen, Dehngymnastik, Kräftigungsgymnastik, sportartspezifische koordinative Einstimmung) an. Anhand von 11 detaillierten, praxisorientierten Beispielen wird die Erstellung verschiedener sportartspezifischer Aufwärmprogramme verdeutlicht.

Für die Auswahl und Zusammenstellung der Übungskataloge und Aufwärmprogramme wurde die gängige Literatur nach folgenden Kriterien gesichtet:
- Praktikabilität. Sind die Übungen in der Praxis tatsächlich anwendbar?
- Ökonomie. Steht der für die Übung erforderliche Zeitaufwand im angemessenen Verhältnis zur Übungswirkung?
- Funktionalität. Sind die Übungen physiologisch unbedenklich?
- Effektivität. Bewirken die Übungen tatsächlich den gewünschten Erfolg?

Dem für eine optimale Trainingsgestaltung ebenso wichtigen, aber in der Literatur nicht angemessen behandelten Bereich der Stunden-

bzw. Trainingsnachbereitung, dem Abwärmen oder auch Cool-Down, ist
in einem gesonderten Teil des Buches durch eingehende Ausführungen
und praktische Anregungen Rechnung getragen worden.

Darüberhinaus bietet ein Kapitel mit theoretischen Ausführungen die
Möglichkeit, ein tiefergehendes Verständnis für die physiologischen
und psychologischen Vorgänge des Aufwärmprozesses zu erlangen.

Die Verbindung von praktischem Beispiel und theoretischem Hinter-
grund wird anhand der Aufzeichnung der Herzfrequenzkurven von sechs
ausgewählten Übungsprogrammen aufgezeigt. Die Herzfrequenzkurven
sind eine wichtige Hilfe bei der Objektivierung einer sachgerechten
Erstellung eines Aufwärmprogrammes und lassen Auswirkungen der einzelnen Übungsformen und Übungsmittel erkennen. Im abschließenden
Kapitel werden mithilfe der Herzfrequenzkurven die jeweiligen Programme einer kritischen Beurteilung unterworfen.

Der Benutzer dieses Buches soll durch möglichst knapp gehaltene
Beschreibungen in die Lage versetzt werden, nach einer relativ kurzen Einarbeitungszeit selbständig ein seinen Bedürfnissen ent-
sprechendes Aufwärmprogramm zu erstellen. Das Buch will eine Hilfe
für eine schnelle und unmittelbare Stundenvorbereitung sein und ist
daher gleichermaßen für Sportstudenten, Übungsleiter und Referen-
dare geeignet. Es darf aber nicht als ein Rezeptbuch mißverstanden
werden, da das Vorschlagen eines Aufwärmprogrammes aufgrund der zu
berücksichtigenden vielfältigen inneren und äußeren Einflüsse nur
exemplarisch geschehen kann. Die angebotenen Programme gelten daher
immer nur für ausgewählte Situationen und müssen für den jeweiligen
Einzelfall entsprechend geändert werden.

II   HINWEISE ZUR BENUTZUNG DES BUCHES

Dieses Buch bietet dem Benutzer die Möglichkeit, ohne ein umfangreiches Grundlagenwissen ein sachgerechtes Aufwärmprogramm zu erstellen. Das Kapitel III gibt hierzu nähere Erläuterungen. Die jeweiligen Übungen werden dem "Katalog der Aufwärmübungen" (Kapitel IV) entnommen.

Am Beginn der Aufwärmphase steht das **allgemeine Aufwärmen.** Es kann läuferisch (Laufgymnastik, Laufexperimente), gymnastisch, mit dem Sprungseil, mit einem Partner oder spielerisch erfolgen (siehe Kapitel IV, Abschnitt 1). Natürlich sind auch Kombinationen aus den genannten Aufwärmformen denkbar (siehe Aufwärmprogramm Fitnesstraining).

An das allgemeine Aufwärmen schließt das auf die nachfolgende Belastung ausgerichtete **spezielle Aufwärmen** an. Das spezielle Aufwärmen beginnt mit der **Muskeldehnung.** Hierzu enthält der Übungskatalog ein aus 7 Übungen bestehendes Basisprogramm. Die einzelnen Übungen können entsprechend der sportartspezifischen Belastung ausgetauscht oder ergänzt werden (vergl. die einzelnen Aufwärmprogramme in Kapitel V). Der Muskeldehnung sollten 2 bis 5 **funktionelle Kräftigungsübungen** folgen. Sie sind dem aus 13 Übungen bestehenden Katalog "Übungen zur Kräftigung der Rumpfmuskulatur" (Kapitel IV, Abschnitt 2.2.1) zu entnehmen. Dabei ist darauf zu achten, daß die Übungen zur Kräftigung verschiedener Bereiche des Körpers (Bauchmuskulatur, seitliche Rumpfmuskulatur, Rückenmuskulatur, Gesäßmuskulatur) beitragen, also nicht einseitig auf eine Körperregion bezogen ausgesucht werden! Steht genügend Zeit zur Verfügung, ist es ratsam, einige der aufgeführten **Kräftigungsübungen für Füße und Sprunggelenke** (aus Kapitel IV, Abschnitt 2.2.2) in das Aufwärmprogramm einzubauen.

Den Abschluß des Aufwärmprogrammes bildet die **sportartspezifische koordinative Einstimmung.** In leichtathletischen Disziplinen, aber auch in zahlreichen anderen Sportarten, kann die Einstimmung zum

Teil durch die "koordinativen Basisübungen" bzw. das "Sprint-ABC" (Kapitel IV, Abschnitt 2.3) erfolgen. Hierzu sollten jeweils 3 Übungen aus dem angebotenen Katalog durchgeführt werden. Andere sportartspezifische Einstimmungsformen sind in den exemplarischen Aufwärmprogrammen zu finden.

Die **detailliert beschriebenen Aufwärmprogramme** im Kapitel V dienen zum einen als Orientierungshilfe für die zeitliche Aufteilung des zu erstellenden eigenen Programmes, zum anderen können sie geringfügig abgeändert in der Praxis eingesetzt werden.

Konkrete Vorschläge für den ebenso wichtigen **Stunden- und Trainingsausklang** bietet das Kapitel VI. Zusammen mit einigen Erläuterungen werden hier Dehn- und Lockerungsübungen vorgestellt, die speziell zur Entspannung der Muskulatur beitragen.

III   ZUR ERSTELLUNG EINES AUFWÄRMPROGRAMMES

Jede Trainingseinheit oder Sportstunde wird üblicherweise in drei
Abschnitte gegliedert. Man unterscheidet zwischen dem einleitenden
Teil, d.h. dem Aufwärmprozeß, dem Hauptteil mit dem/den inhaltli-
chen Schwerpunkt/en und dem Trainings- bzw. Stundenausklang (hier
auch als Abwärmen oder Cool-Down bezeichnet). Jeder einzelne Abschnitt wird wiederum nach ganz bestimmten Kriterien zeitlich und
inhaltlich strukturiert. Auch für die Erstellung eines - den jeweiligen Gegebenheiten entsprechenden - Aufwärmprogrammes ist eine
genaue zeitliche und inhaltliche Gliederung erforderlich. Damit
wird die Überlegung notwendig, in welcher Reihenfolge und wie lange
bestimmte Aufwärmmittel einzusetzen sind.

Eine **systematische Gliederung** des Aufwärmprozesses entsteht durch
die Unterteilung der Aufwärmarbeit in die aufeinander aufbauenden
Abschnitte:

- **Allgemeines Aufwärmen**
  Ziel: Steigerung der Körperkerntemperatur mit den daraus re-
           sultierenden positiven Aufwärmeffekten, Aktivierung des
           Herz-Kreislaufsystems und psychische Einstimmung
  Mittel: Aktive Arbeit großer Muskelgruppen durch Laufen, Lauf-
           gymnastik, Ganzkörpergymnastik, Seilgymnastik, Partner-
           übungen, Bewegungsspiele

- **Spezielles Aufwärmen**
  Ziel: Vorbereitung der Muskulatur und des Nervensystems auf
           die nachfolgende spezielle Belastung
  Mittel: 1. Funktionsgymnastik
              - sportartspezifische Dehnübungen ("Stretching")
              - Kräftigungsübungen zur Stabilisierung des Bewegungs-
                apparates
           2. Dynamische Koordinationsübungen zum Aufbau eines opti-
              malen Muskel-Nerv-Zusammenspiels und zur Erhöhung der
              Muskelaktionsspannung (Einspielen, Einwerfen, Ein-
              schlagen, Steigerungsläufe, Sprünge, Sprint-ABC etc.)

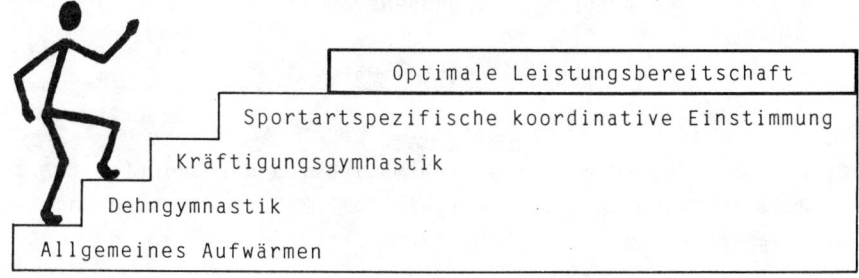

Vier Stufen zur optimalen Leistungsbereitschaft

Die Wahl und Dosierung der einzelnen Aufwärmmittel wird außerdem durch die folgenden **Überlegungen** bestimmt:

1. Wieviel **Zeit** steht mir für die gesamte Unterrichtsstunde/Trainingseinheit zur Verfügung (45, 90, über 90 Minuten) und wieviel Zeit kann davon für das Aufwärmen eingeplant werden?

2. Welche **Schwerpunkte** soll der nachfolgende Hauptteil enthalten?
   - **Techniktraining**? Für welche Sportart oder Disziplin (spezielle Dehn-, Kräftigungs- und Koordinationsübungen)?
   - **Konditionstraining**? Was soll trainiert werden (z.B. erfordert ein Ausdauertraining eine optimale Aktivierung des Herz-Kreislaufsystems, während für ein Schnelligkeitstraining neben einer gründlichen Erwärmung eine maximale psychische Frische nötig ist)?

3. Welche **Voraussetzungen** bringen die Sportler mit (physische und psychische Leistungsfähigkeit, Alter, Selbständigkeit, eventuelle Beweglichkeits- und/oder Kraftdefizite/Haltungsschwächen)?

4. Welche **Geräte** und **Räumlichkeiten** sind vorhanden?
   - Genügend Bälle, Seile, Matten (wichtig bei großen Gruppen)?
   - Welche Geräte sind sonst noch geeignet (z.B. Indiacas)?
   - Gelegenheiten zum Laufen (Park, große Halle, Sportplatz)?

5. Wie sind die **äußeren Bedingungen**?
   - Wetter?
   - Bodenbeschaffenheit (trocken, warm, sauber)?
   - Tageszeit?

6. Wie steht es um die **momentane Motivation** der Sportler ("7. Stunde", Trainingsunlust, Übertraining)? Muß den Aktiven "mal wieder etwas Neues" geboten werden?

Ein wettkampfspezifisches Aufwärmen erfordert zusätzlich die Berücksichtigung der Faktoren:

7. Zeitlicher **Ablauf des Wettkampfes** (Vorläufe, mehrere Spiele, Pausen, Zeitplanverzug)

8. Stellenwert des Wettkampfes. **Psychische Belastung** des/der Sportler/s; wie wird sie bewältigt? Wie kann der Sportler selbst oder der Trainer auf sie Einfluß nehmen (Einbau von Gesprächen und Psychoregulationsmethoden in den Aufwärmprozeß)?

Alle hier genannten Aspekte sind für die Wahl der Aufwärmmittel und die Dauer ihres Einsatzes von entscheidender Bedeutung. In welchem Maße sie für den Aufwärmprozeß eine Rolle spielen, ist im theoretischen Abriß (Kapitel VII) näher erläutert. Für den Umfang und die Intensität der einzelnen Aufwärmmittel lassen sich wegen der vielen verschiedenen Faktoren, die den Aufwärmprozeß beeinflussen, nur Richtwerte angeben. Diese Richtwerte sind den exemplarischen sportartspezifischen Aufwärmprogrammen zu entnehmen. Sie müssen der jeweiligen konkreten Situation angepaßt werden.

IV KATALOG DER AUFWÄRMÜBUNGEN
(Oliver Maehl)

1 ALLGEMEINES AUFWÄRMEN

1.1 Aufwärmen in der Fortbewegung

Ganzkörperübungen während der Fortbewegung eignen sich wegen ihres komplexen Zusammenwirkens von Arm-, Rumpf- und Beinmuskulatur gut zur Durchblutungssteigerung großer Muskelpartien. Sie tragen damit zur Aktivierung des Herz-Kreislaufsystems und zur Erhöhung der Körperkerntemperatur, dem Hauptziel der allgemeinen Erwärmungsphase, bei. Zudem bringen sie Abwechslung in die Einlaufarbeit und schulen gleichzeitig wichtige koordinative Grundfertigkeiten. Im Folgenden wird zwischen Laufgymnastik und Laufexperimenten unterschieden.

1.1.1 Laufgymnastik

Laufgymnastische Übungen bieten die Möglichkeit, die allgemeine Erwärmungsphase variantenreich zu gestalten. Bei einer systematischen Anwendung kann man innerhalb kurzer Zeit über ein nahezu unerschöpfliches Repertoire an laufgymnastischen Übungen verfügen und benötigt für die Vorbereitung dieser Aufwärmphase - aber auch für eine Gymnastik nach Musik - kaum noch Zeit. Die verschiedenen Übungsformen lassen sich während des Trainings entwickeln und ausprobieren.

Man kann dabei die Übungen nach dem Baukastenprinzip erstellen. Eine Übung setzt sich aus 5 Komponenten zusammen (Beinbewegungen, Fortbewegungsrichtung, Rumpfbewegung, Rumpfstellung, Armbewegungen). Alle 5 Merkmale lassen sich folgendermaßen variieren:

1   2   3

A) Beinbewegungen

- Laufformen

Fußgelenksarbeit (FGA) (Abb. 1)

Intensives Beugen und Strecken des Fußgelenkes mit sehr flachem Kniehub und wenig Raumgewinn, der Bodenkontakt erfolgt auf dem Ballen mit
nachfolgendem Absenken der Ferse (verschiedene Ausführungsgeschwindig-
keiten).
Eine mögliche Variation wäre hier das Fußabrollen (ähnlich der Fußgelenksarbeit, jedoch erfolgt der Fußaufsatz auf der Ferse und der Fuß
rollt zur Fußspitze ab).

Skippings (SK) (Abb. 2)

Ausführung wie Fußgelenksarbeit, jedoch mit halbhohem Kniehub und
einer sehr hohen Bewegungsfrequenz (schnelles Heben und Senken der
Oberschenkel)

4   5

Kniehebeläufe (KHL) (Abb. 3)
Lauf mit hohem Kniehub (hüfthoch) und wenig Raumgewinn, Ballenlandung
und Hüftstreckung

Anfersen (AF) (Abb. 4)
Lockeres, rundes Ausschwingen (Auspendeln) der Fersen zum Gesäß

Seitlauf (Abb. 5)
Hinteres Bein macht den Schritt vor oder hinter bzw. abwechselnd vor
und hinter dem Körper (auch als aktiver, betont hoher Kniehub vor dem
Körper möglich)

- Sprungformen

Hopserläufe (HL) (Abb. 6)
Abdruck und Landung erfolgen mit demselben Bein

Wechselsprünge (WS)
Im Gegensatz zum Hopserlauf erfolgt die Landung beidbeinig. Die Landung des Schwungbeines (aktives, dynamisches Setzen des Landebeines) und der kräftige Abdruck des Sprungbeines erfolgen gleichzeitig (sehr kurze doppelte Stützphase)

Galopp (GL)
Das Galoppen unterscheidet sich vom Laufen durch den fehlenden Wechsel von Abdruck- und Landebein, d.h. es übernimmt immer dasselbe Bein die Beschleunigung in die Flugphase (leicht vorgestellt), während das andere Bein den Körper wieder auffängt (Wechsel des vorgestellten Beines)

Sprunglauf (SL) (Abb. 7)
Laufen mit sprungartig verlängerten Schritten und langem Halten der Absprungposition

B) Fortbewegungsrichtung

Variationsmöglichkeiten: vorwärts/rückwärts/seitwärts (nur beim Lauf und Galopp)
Ständiger Richtungswechsel

C) Rumpfbewegung

Geringe gegenseitige Verwringung von Schulter- und Hüftachse (Oberkörper ruhig)
Starke Oberkörperverwringung bei diagonalem Schwungbeineinsatz (SBE) (nur beim Lauf, Hopserlauf und bei Wechselsprüngen)

D) Rumpfstellung

Oberkörpervorlage
Oberkörperrücklage
Aufrechter Oberkörper

E) Armbewegungen

Kreisen
einarmig/beidarmig
vorwärts/rückwärts
gleichseitig/alternierend ("Kraulen")/entgegengesetzt
neben dem Körper/ frontal vor dem Körper

Schwingen
einarmig/beidarmig
gleichseitig/alternierend
neben dem Körper/ frontal vor dem Körper

6   7

Alle genannten Bewegungsteile lassen sich beliebig miteinander kombinieren, so daß eine Vielzahl von verschiedenen Übungen entsteht.
Einige Formen sind sehr leicht zu verwirklichen und sportartspezifisch zweckmäßig, während andere Variationen (z.B. KHL oder Hopserlauf rückwärts) relativ ungewohnt und schwierig auszuführen sind
(biomechanisch unzweckmäßig). (Trotzdem haben diese Variationen für
das Aufwärmen und die Koordinationsschulung ihren Stellenwert.)

Anhand der schematischen Übersicht (Abb. 12) ist es möglich, verschiedene Übungsformen systematisch zu entwickeln.

9

8

10

11

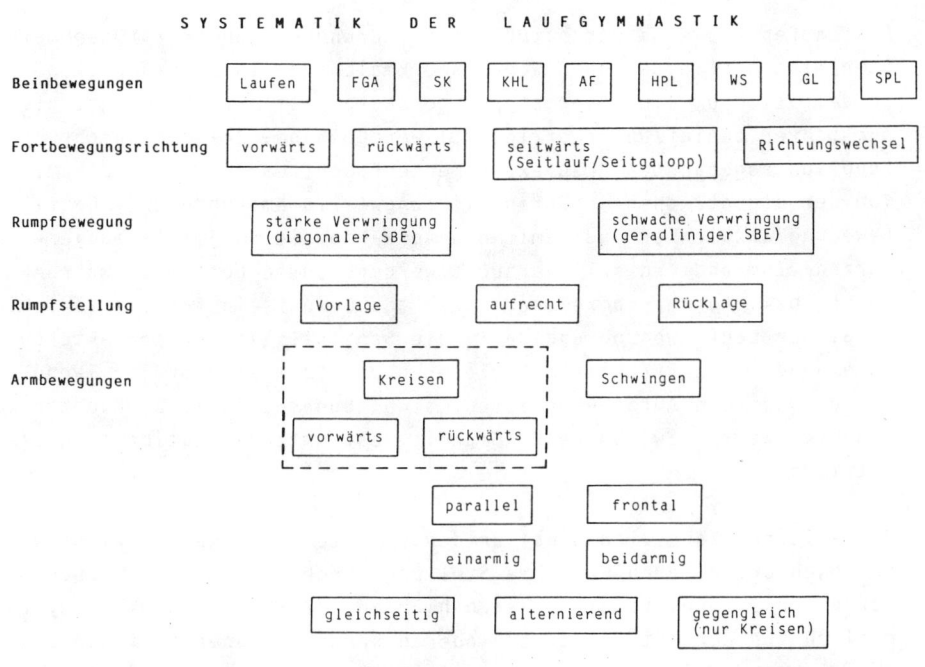

SYSTEMATIK DER LAUFGYMNASTIK

| Beinbewegungen | Laufen | FGA | SK | KHL | AF | HPL | WS | GL | SPL |

| Fortbewegungsrichtung | vorwärts | rückwärts | seitwärts (Seitlauf/Seitgalopp) | Richtungswechsel |

| Rumpfbewegung | starke Verwringung (diagonaler SBE) | schwache Verwringung (geradliniger SBE) |

| Rumpfstellung | Vorlage | aufrecht | Rücklage |

| Armbewegungen | Kreisen / vorwärts / rückwärts | Schwingen |

parallel — frontal

einarmig — beidarmig

gleichseitig — alternierend — gegengleich (nur Kreisen)

12

Mögliche Kombinationen (Beispiele):

- Hopserlauf vorwärts mit parallelem, beidseitigem Armkreisen (Abb. 8)

- Hopserlauf vorwärts mit diagonalem Kniehub und gegengleichem Armeinsatz (Abb. 9)

- Kniehebelauf mit gleichseitigem parallelem Armkreisen vorwärts (Abb. 10)

- Wie vor, jedoch mit Anfersen statt Kniehub (Abb. 11)

- Seitlauf mit starker Körperverwringung, Arme werden im Rhythmus der Beinbewegung vor dem Körper gebeugt und gestreckt (Abb. 5)

Alle Übungen lassen sich durch zusätzliche Aufgabenstellungen (z.B. Bodenberührung während der Fortbewegung) erweitern. Ebenso können viele Übungen partner- und gruppenweise (Handfassen/Einhaken) durchgeführt werden. Die Übungen werden noch zahlreicher, wenn man sie in die Ballarbeit (Prellen, Passen, Zuschießen) einbaut.

1.1.2 Laufexperimente

Das Laufen als eine der natürlichsten Grundbewegungen ist den meisten Menschen in seinen Bewegungsmerkmalen völlig unbekannt. Es handelt sich um eine stereotype, hochautomatisierte Bewegung, die nur schwer beeinflußt (korrigiert) werden kann. Bei der Durchführung von sogenannten "Laufexperimenten" geht es zum einen darum, von der eigentlichen - häufig als langweilig empfundenen - Laufbewegung abzulenken und damit die Aufwärmphase subjektiv zu verkürzen. Zum anderen soll versucht werden, durch bestimmte Wahrnehmungs- bzw. Aufmerksamkeitsaufgaben das Bewußtsein für die Variabilität der Laufbewegung und damit die Sensibilität für Korrekturen zu erhöhen. Die Effektivität dieser Übungsform wird größer, wenn die Übenden die Aufgabe erhalten, sich gegenseitig zu beobachten und die Zweck- bzw. Unzweckmäßigkeit bestimmter Variationen zu beurteilen.

Der Anleiter kann sich dabei an den für die Laufbewegung wichtigen Gelenken orientieren und ihre Stellung durch bestimmte Aufgaben verändern lassen. Es bietet sich hier an, die Aufmerksamkeit systematisch von den unteren zu den oberen Körperregionen zu lenken.

Fußexperimente: Ballenlauf (Federn!), Lauf auf dem ganzen Fuß, Abrollen des Fußes, Lauf auf dem Fußaußen-/Fußinnenrand, Fußspitzen nach innen/außen drehen

Beinexperimente: Hoher Kniehub (Staksen), kleiner Kniehub (Stolpern), Auspendeln der Fersen, aktives Abstoßen vom Boden (Springen), aktives Landen (Ziehen)

Armexperimente: Laufen mit verschränkten/gestreckten/baumelnden/stark angewinkelten Armen, Armeinsatz vor/neben dem Körper, Armkreisen, Paßlauf

Handexperimente: Hände zur Faust ballen, Hände locker hängen lassen, Daumen am Zeigefinger leicht reiben

Kopfexperimente: Kopf im Nacken/ auf der Brust/ auf der linken/rechten Schulter, vorgestrecktes/zurückgezogenes Kinn

Rumpfexperimente: Gerader/gebeugter Oberkörper, Oberkörpervorlage (Temposteigerung), Oberkörperrücklage (Tempoverringerung)

1.2 Aufwärmübungen am Ort

Der folgende Übungskatalog stellt eine Auswahl aus einer fast un-
überschaubaren Menge an gymnastischen Aufwärmübungen dar. Der Auswahl der Übungen sind folgende Kriterien zugrundegelegt worden:

- Funktionalität
  Alle im Bereich der Bewegungs- bzw. Dehngrenze eines Gelenkes oder
  eines Muskels abrupt federnden und schleudernden Bewegungen sind
  wegen ihrer großen Verletzungsgefahr für die Aufwärmarbeit un-
  geeignet und deshalb nicht berücksichtigt worden. Dazu zählen auch
  Übungen, die zu einem erhöhten Gelenkverschleiß beitragen (Beispiele: Kopf- und Rumpfkreisen belasten die Hals- bzw. Lendenwirbelsäule unfunktionell, der Hürdensitz führt zu Scherbelastungen
  im Kniegelenk). Bedauerlicherweise gehören derartige Übungen immer
  noch zum Aufwärmrepertoire vieler Sporttreibender.

- Intensität
  Alle Übungen sollen die Arbeit großer Muskelgruppen gewährleisten,
  ohne daß es zu einer frühzeitigen Ermüdung kommt.

- Verständlichkeit
  Alle Übungen sollen schnell und leicht zu erklären und einfach
  durchzuführen sein.

1.2.1 Hüpf- und Sprungübungen

Hüpf- und Sprungübungen ermöglichen eine sehr effektive Gestaltung
der Aufwärmarbeit, da sie einerseits durch intensive Muskelarbeit
zu einer sehr schnellen Erwärmung beitragen und andererseits zusätzliche Anforderungen an das Koordinationsvermögen des Übenden stellen. Ähnlich wie bei der Laufgymnastik läßt sich eine Vielzahl von
Sprungvarianten durch die Kombination von Arm- und Beinbewegungen
selbst entwickeln. Um einer frühzeitigen Ermüdung vorzubeugen, sollte immer darauf geachtet werden, daß die Sprünge nicht zu sehr
"auf Höhe", also ohne ein übertriebenes Anheben des Körperschwer-
punktes durchgeführt werden.

Für die Dauer jeder einzelnen Sprungübung können 15 Sekunden als Richtwert gelten. Nach einer gleich bis doppelt so langen Pause schließt dann die nächste Übung an. Im Falle konditionsstarker Übender wird die Belastungszeit bis auf 30-40 Sekunden bei kürzeren Pausen erhöht. Zur Auflockerung sollte von Zeit zu Zeit ein leichtes Ausschütteln der Beine in den Pausen erfolgen (siehe Lockerungsübungen, Seite 132).

Beidbeinige Sprünge

1) "Hampelmann": Sprungwechsel von der Schlußstellung in die Grätschstellung

Variationen: - ohne Armeinsatz
- mit Armeinsatz, in der Grätschstellung die Arme über den Kopf zusammenschlagen (siehe Abb.)
- mit Drehung um die Körperlängsachse (1mal linksherum, 1mal rechtsherum)
- ohne Zwischensprung, d.h. aus der Schlußstellung in die Luft springen, die Beine grätschen und wieder in der Schlußstellung landen (mit und ohne Armeinsatz)
- aus dem Grätschstand in die Luft springen, die Füße zusammenschlagen und im Grätschstand landen (mit und ohne Armeinsatz)

2) "Schrittwechselsprünge": Sprung aus einem (nicht zu weiten) Ausfallschritt in den gegengleichen Ausfallschritt (gleicher oder gegengleicher Armeinsatz möglich)

Variationen: - um die Körperlängsachse drehen
- in der Luft schlagen die Füße mit der Innenseite zusammen (siehe Abb.)
- aus dem Ausfallschritt in die Schlußstellung springen und in den nächsten Ausfallschritt springen
- Kombination mit "Hampelmann": Ausfallschritt, Schlußstellung, Grätsche, Schlußstellung, Ausfallschritt (andere Seite), Schlußstellung, Grätsche usw.

3) Stand mit gekreuzten Beinen, Sprung in die Grätschstellung mit Armen in der Seithalte; Sprung in den Stand mit gekreuzten Beinen, jetzt das andere Bein vorn

4) Schlußstellung, Arme in der Seithalte, Schlußsprünge mit Beckendrehung nach links und rechts

    Variationen: - Gegengleicher Armeinsatz
                - Diagonaler Kniehub

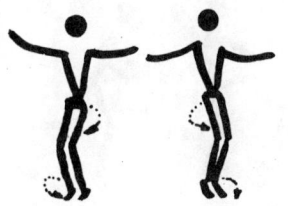

5) Schlußstellung, Sprung nach links seitwärts und zurück zur Ausgangsposition, danach Sprung vorwärts und zurück/rückwärts und zurück/rechts seitwärts und zurück

    Variation: - ohne Rückkehr zum Ausgangs-
               punkt

Einbeinige Sprünge

1) Einbeiniger Stand, Seitsprung von links auf rechts und umgekehrt (mit und ohne Zwischenhüpfer)

---

2) Hüpfen auf einem Bein, das andere Bein pendelt locker vor und zurück (Kniegelenk locker/ gegengleicher Armeinsatz)

---

3) Hüpfen auf einem Bein, freies Knie wird im Sprungrhythmus zur Schulter gehoben

Variationen: - Berührung an der Schulterinnenseite
- Berührung an der Schulteraußenseite
- Wechsel zwischen Schulterinnen- und Schulteraußenseite
- mit/ohne Absetzen des Schwungbeines

---

4) Hüpfen auf einem Bein, Hände im Nacken, freies Bein wird im Sprungrhythmus
   abgespreizt

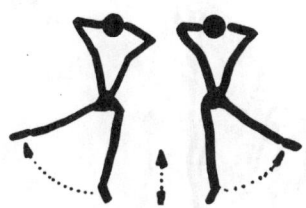

5) Hüpfen von einem Bein auf das andere Bein, dabei gegengleichen Arm diagonal
   wegstrecken

   Variation: - gleichseitigen
              Arm wegstrecken

1.2.2 Übungen im Stand

Die nachfolgenden Übungen dienen primär dem Aufwärmen und weniger
der Dehnarbeit. Sie werden kontrolliert, gleichmäßig und nicht ge-
waltsam ausgeführt. Bei allen Übungen sollen folgende Anweisungen
beachtet werden (siehe Seite 117 "Grundstellung"):

- Schulterbreite, parallele Fußstellung (Zehenspitzen
  können auch leicht nach außen gedreht werden)
- Fußsohlen (auch bei Kniebeugung) fest auf den Boden
  drücken
- Aufgerichtetes Becken (kein Hohlkreuz, kein Rundrücken)

1) Aus der Rumpfbeuge (leicht gebeugte Knie) den Oberkörper im Lendenwirbelsäulen-
bereich beginnend langsam aufrichten ("Wirbel für Wirbel"), Arme dicht am Körper, die Fingerspitzen gleiten am Körper aufwärts bis in die Hochhalte (vollständige Körperstreckung); anschließend locker zusammenfallen (Rumpfbeuge) und
neu beginnen. Das Kinn bleibt beim Aufrichten auf der Brust

Variation: - Stand mit gegrätschten Beinen, diagonale
Beugung (Rumpfbeuge über das linke/rechte
Bein) mit diagonaler Streckung (entgegen-
gesetzter Arm)

2) Schulterbewegungen in den verschiedensten Variationen (einseitig, beidseitig)

- Heben und Senken der Schultern (a)
- Vor- und Zurückdrücken der Schultern (b)
- Schulterkreisen (vorwärts/rückwärts/gegengleich) (c)
- Schulterkreisen mit leicht federnden Bewegungen
  in den Kniegelenken (d)
- Wechsel zwischen Schulter- und Armkreisen (e)
- Schultern im Wechsel weit nach vorn oben ziehen
  und anschließend nach hinten unten drücken
  (danach von hinten oben nach vorn unten ziehen) (f)

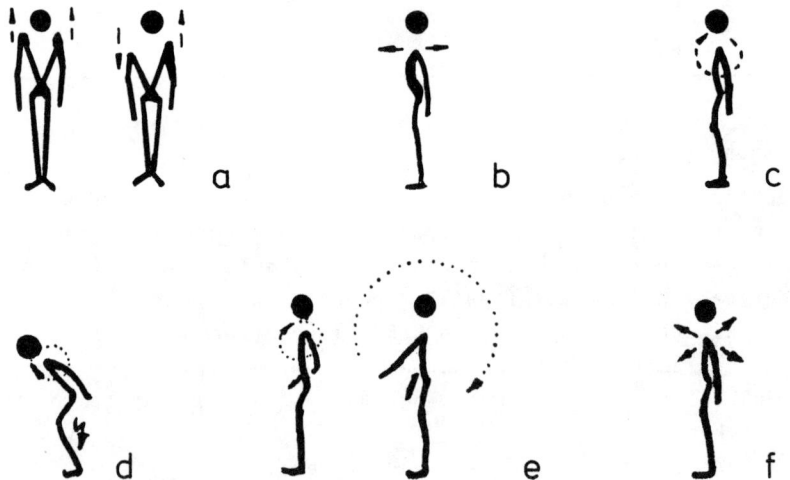

3) Grundstellung, beide Arme gebeugt, die rechte Hand im Nacken und die linke Hand hinter der Lendenwirbelsäule, Arme in die Seithalte strecken und danach die gegengleiche Position einnehmen. (Hinweis: Schulterblätter werden bei der gesamten Übungsausführung betont nach hinten gezogen, Übung langsam und kraftvoll ausführen)

4) Arme in Seithalte, Hände kreisen rückwärts, die Kreisbewegung vergrößert sich kontinuierlich bis zum Armkreisen und geht in eine Mitbewegung der Kniegelenke über (Hoch-Tiefbewegung des Gesäßes, Fußsohlen am Boden lassen), dann kontinuierliche Verringerung des Bewegungsausmaßes bis zur Rückkehr in die Ausgangsstellung, Richtungsänderung

5) Achtenkreisen der Arme vor dem Körper, der Schwung wird langsam steigernd auf den ganzen Körper übertragen (Beinarbeit!)

Variationen: - Achtenkreisen der Arme mit seitlichem Rumpfneigen
- Achtenschwingen eines Sprungtaues

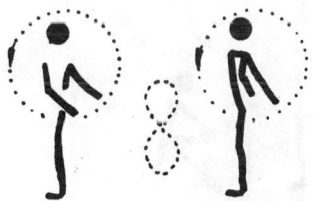

6) Paralleles Armkreisen mit federnden Bewegungen in den Kniegelenken (einarmig/
   beidarmig/vorwärts/rückwärts/gegengleich)

Variation: - Paralleles Schwingen der Arme
            mit federnden Hoch-Tief-
            bewegungen in den Beinen

7) Frontales Armkreisen (gleiche/gegengleiche Richtung) vor dem Körper mit gleichzeitiger Beinarbeit

8) "Große Körperwelle": Armkreisen vorwärts/rückwärts mit Hoch-Tiefgehen des
   Rumpfes (Hände berühren in der Hocke den Boden und die Arme strecken sich nach
   dem Aufrichten über dem Kopf

9) Beidseitiges Armkreisen vorwärts (1 1/2 Umdrehungen) mit gleichzeitigem Übergang in die Kniebeuge (Hände an den Boden), Aufrichten mit Armkreisen rückwärts bis in die Hochhalte und neu beginnen

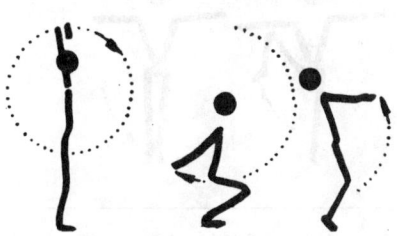

10) Weite Grätsche mit gebeugten Knien, seitliches Verschieben des Rumpfes, so daß sich ein Bein streckt und das andere Bein stark beugt. (Hinweis: Aufrechter Oberkörper, tiefes Gesäß, Unterschenkel des gebeugten Beines stehen senkrecht, die Füße setzen mit der ganzen Sohle auf)

11) Arme in Nackenhalte, Rumpfbeuge seitwärts mit gleichzeitigem Kniehub bei nach außen gedrehter Fußspitze, Knie und Ellenbogen berühren sich (rechte und linke Seite im Wechsel)

Variation: - rechtes Knie diagonal vor dem Körper an den linken Ellenbogen führen

12) Einbeiniger Stand, Arme in Seithalte, Knie berührt den gleichseitigen Arm
und wird danach gesenkt, rechts und links im Wechsel

13) Einbeiniger Stand, Arme in Seithalte, freies Bein schwingt in einer "großen
Acht" neben dem Körper

Variation: - Zahlen von eins bis zehn "schreiben"

14) Einbeiniger Stand, freies Bein imitiert die Bewegung des Nachziehbeines beim
Hürdenschritt

Zusätzlich zu diesen Übungen eignen sich zum Aufwärmen alle auf der
Stelle ausführbaren Übungen des "Sprint-ABC", wie Fußgelenksarbeit,
Skippings, Kniehebeläufe, Anfersen usw. (siehe Seite 14/15) und einige Übungen des auf Seite 118ff beschriebenen Ganzkörpergymnastik-
programmes.

1.2.3 Aufwärmen mit dem Seil

Steht für die Aufwärmarbeit nur wenig Platz zur Verfügung, so daß
die örtlichen Gegebenheiten (Gymnastikraum, Kraftraum) das Einlaufen
nicht zulassen, bietet sich neben dem rein gymnastischen Warmmachen
das Aufwärmen mit dem Seil als gute Alternative und Abwechslung an.
Hierfür ist lediglich eine ausreichende Raumhöhe erforderlich; allerdings muß der Raum so groß sein, daß die Übenden sich nicht gegenseitig behindern.

Für sehr schwere Sportler (Kraftsportler, Übergewichtige) und solche
mit Rücken- und Gelenkbeschwerden ist das Seilspringen zum Aufwärmen
weniger geeignet, da es mit einer hohen Belastung des passiven Bewegungsapparates verbunden ist.

Wichtig: Seilübungen sollten erst verwendet werden, wenn alle Übenden die einfachsten Seilsprünge beherrschen!

Variationen des Seilspringens:

1. Beidbeiniges oder einbeiniges (links/rechts) Hüpfen
1.1 Hüpfen nur aus den Fußgelenken heraus
   a) hohe Frequenz, geringe Höhe
   b) mittlere Frequenz, möglichst große Höhe
   c) wie b), jedoch mit Anziehen der Fußspitzen in der Flugphase
1.2 Hüpfen auf Höhe unter Mitarbeit der Knie- und Hüftgelenke
2. Beidbeiniges oder einbeiniges Hüpfen mit Anhocken
   (Knie zur Brust bringen)
3. Wie 2., jedoch mit Anfersen (Ferse ans Gesäß schwingen)
4. Hüpfen mit einbeinigem Abspringen und Landen auf dem anderen
   Bein, also ohne Unterbrechung von einem Bein auf das andere Bein
   springen. Hier sind alle unter 1. bis 3. genannten Variationen
   möglich.
5. Hüpfen mit überkreuzten oder auch überkreuzenden Armen
6. Hüpfen mit überkreuzten oder auch überkreuzenden Beinen
7. Schlußhüpfen mit Grätschsprung nach dem Durchschlagen des Seiles
8. Einbeiniges Hüpfen mit vorgestrecktem Bein (rechts/links)

9. Hüpfen (alle Formen) mit zusätzlicher Drehung um die Körperlängsachse (1mal links herum, 1mal rechts herum)
10. Seilhüpfen mit Fortbewegung (vorwärts/rückwärts/seitwärts mit
    gleicher/gegengleicher Seilrichtung)
11. Vorwärtslauf/Rückwärtslauf mit Seildurchschlag (gleiche oder
    gegengleiche Seilrichtung)
12. Vorwärtslaufen mit Spreizschritten (Stechschritt)
13. Galopphüpfen vorwärts (gleiche oder gegengleiche Seilrichtung)
14. Kombination einzelner Übungen

Folgende Variationsformen sind bei fast allen angegebenen Übungen
möglich: a) Seilrichtung: vorwärts/rückwärts
         b) Sprungfolge mit Zwischensprung/ ohne Zwischensprung/
            mit Doppelsprung

Die Zeit für jede Übung sollte etwa 15 Sekunden betragen. Nach einer Pause von 30-60 Sekunden (wenn möglich, mit ruhigem Traben oder
Lockerungsübungen für die Beine) schließt die nächste Übung an.
Mit leichten Seilübungen beginnen und allmählich den Schwierigkeits-
grad erhöhen.

Allgemeiner Hinweis für alle Sprünge: Leise springen !!!

1.3 Partnerübungen

Partnerübungen gehören zu den gebräuchlichsten Aufwärmübungen. Neben
dem an dieser Stelle beabsichtigten Ziel der allgemeinen Erwärmung,
lassen sich Partnerübungen auch hervorragend zur Kraftschulung einsetzen. Sie haben den Vorteil, daß man sie überall dort, wo keine
Geräte zur Verfügung stehen, einsetzen kann. Partnerübungen stei-
gern die Motivation und sind oft intensiver als Einzelübungen. Sie
sollten deshalb den Abschluß des allgemeinen Aufwärmens bilden. Zur
Durchführung der angegebenen Übungen ist es notwendig, daß immer
gleichgroße und gleichkräftige Sportler zusammen üben.

Gymnastische Partnerübungen

1) Stand, Gesichter zueinander, Arme ausstrecken, Handfassung, gleichzeitiges Kniebeugen und Aufrichten

   Variation: - Gegengleiches Tiefgehen und Aufrichten

2) Ein- und Aussteigen: Partner stehen sich mit Handfassung gegenüber. Übersteigen der Arme, eine Drehung um die Körperlängsachse und Aussteigen. Hände loslassen

3) Stand, Gesichter zueinander, rechtes (oder linkes) Bein in die Vorhalte bringen, der Partner erfaßt das Bein mit der linken Hand, die Hände werden auf die Schultern des Partners gelegt. Hüpfen (rechts oder links) im Kreise, Beinwechsel

4) Hocksitz, Oberkörper aufrecht, Rücken an Rücken, Arme eingehakt, Beine sind eng an den Körper herangezogen, die Fußsohlen fest am Boden. Durch Strecken der Beine in den Stand kommen

   Variation: - Ohne Armfassung, nur Rücken
              an Rücken gelehnt

5) Partner sitzen sich im Langsitz gegenüber und stützen sich mit den Händen hinter dem Körper ab. Fußsohlen werden gegeneinandergepreßt und mit den Beinen gemeinsame Radfahrbewegungen ausgeführt

Raufspiele

1) Fußtreten: Stand, Handfassung rechts (links). Versuch, sich gegenseitig auf die Fußspitzen zu treten

2) Gesäßschlagen: Stand, Handfassung rechts (links). Versuch, sich gegenseitig
   auf das Gesäß zu schlagen

3) Gesäßprellen: Partner steht mit Abstand von einem Schritt im Grätschstand,
   Rücken an Rücken. Versuch, den Partner mit dem Prellen des Gesäßes aus dem
   Gleichgewicht zu bringen. Füße müssen am Ort bleiben

4) Stoßkampf: Hocke, Handflächen gegeneinander gepreßt. Versuch, den Partner aus
   dem Gleichgewicht zu bringen. Vorsicht bei Kniebeschwerden!

5) Bank-Schiebekampf: Partner stehen in Bankstellung ("Vierfüßlerstand") Schulter an Schulter gegenüber. Versuch, den Partner mit ausschließlicher Arm-Schulter-Arbeit zurückzuschieben

> Variation: - Wie oben, nur Ausgangsposition
> "Liegestütz" (Beine zusammen)
> - Versuch, den Partner durch Wegziehen der Arme aus dem Gleichgewicht zu bringen

6) Partner sitzen im Schneidersitz mit Handfassung gegenüber. Jeder versucht, den Partner auf seine Seite zu ziehen

7) Hocksitz, Rücken an Rücken, Arme eingehakt, Knie gebeugt, Füße stehen fest am Boden. Durch Strecken der Beine versuchen, den Partner wegzudrücken

Sonstige Erwärmungsformen in der Gruppe

1. **Schlangenlauf:** Eine Gruppe aus beliebig vielen Teilnehmern läuft hintereinander in einer "Schlange". Der Führende bestimmt Fortbewegungsart und Richtung (weite Bögen, enge Kurven, Kreise, Achten)

   Variationen: - Der jeweils Letzte überholt zügig die langsam laufende Trainingsgruppe und übernimmt die Führung (ununterbrochenes Vorlaufen)
   - Die Schlange (max. 10 Teilnehmer) läuft mit etwa 2 Meter Abstand zwischen den Personen. Der jeweils Letzte läuft zwischen den Teilnehmern in Schlangenlinien zur Spitze

2. **Bockspringen:** Eine Gruppe aus 5 bis 10 Teilnehmern bildet mit Abständen von mindestens 2 Metern eine Reihe von Böcken (Rumpfbeuge in leichter Schrittstellung, Hände werden in Kniehöhe abgestützt, der Kopf wird auf die Brust genommen!). Der jeweils Letzte der Gruppe überwindet die ganze Reihe mit Bocksprüngen und stellt sich vorne an. Mehrere Durchgänge

   Variation: - Die Reihe steht abwechselnd in Bockposition und weiter Grätschstellung. Abwechselndes Überwinden der Reihe durch Bocksprünge und Durchkriechen der Grätschen

3. **Schattenlaufen:** Der Partner muß sich immer auf der gleichen Seite des Führenden befinden und läuft in seinem "Schatten" mit (verschiedene Fortbewegungsarten: Laufen, Hüpfen, Hinken usw.)

4. **Beuteltier:** Der Partner A im Vierfüßlerstand, der Partner B klammert sich mit den Armen um den Schultergürtel und mit den Beinen von unten (also Rücken zum Boden) um das Becken. A versucht, den an ihm hängenden Partner B durch Vorwärtskrabbeln zu transportieren. Nur auf weichem Untergrund (Matten, Rasen) durchführbar

5. **Zopfflechten:** Drei Übende (A, B, C) liegen in Bauchlage mit etwa einem Meter gegenseitigen Abstand nebeneinander. A geht in die Liegestützposition, wirft sich über den in der Mitte liegenden B, landet zwischen B und C, läßt sich weiter in Richtung C rollen. C überwindet gleichzeitig den auf ihn zurollenden A, landet auf dem Boden und rollt weiter in Richtung B. Daraufhin wirft sich B in die Mitte usw. (wie Übung 4, nur auf weichem Untergrund)

1.4 Spielerisches Aufwärmen

Zu den Kleinen Spielen zählen in sich selbständige Ball- und Laufspiele mit relativ einfachem und schnell zu erfassendem Regelwerk.
Kleine Spiele können im Schul- und Vereinssport für Schüler und
Jugendliche sowie im Breitensport für alle Altersgruppen als moti-
vationsfördernde und allgemeine Aufwärmform eingesetzt werden. Ihre
Verwendung eignet sich besonders bei physischer und psychischer Ermüdung vor Stunden- bzw. Trainingsbeginn (z.B. beim Sportunterricht in der "7. Stunde", beim Training nach einem harten Wettkampf, in einer harten Trainingsphase, in Phasen allgemeiner Trai-
ningsmüdigkeit, bei schlechtem Wetter). Durch ein spielerisches
Aufwärmen kann auch eine positive Grundeinstellung zu einem bevorstehenden schweren Training (Konditionsarbeit) erreicht werden.

Eine auf diese Ziele ausgerichtete Aufwärmarbeit sollte so gestaltet werden, daß die Freude der Aktiven während des Spielens erhalten bleibt. Der Übungsleiter muß erkennen können, wann ein Spiel
"langweilig" wird. Langweiligkeit kann sich bei einigen Spielen
sehr schnell einstellen (2 bis 3 Minuten), so daß ein rascher
Spielewechsel notwendig wird. Ebenso sollten die Spiele organisa-
torisch aufeinander abgestimmt sein, was dadurch geschehen kann,
daß man interessante Variationsmöglichkeiten einer spielerischen
Grundidee nutzt. Unterbrechungen durch lange Erklärungen oder
Geräteumbau dürfen nicht entstehen, weil sonst Phasen der Abkühlung eintreten.

Die Intensitäten der Spiele sollten ebenfalls aufeinander abgestimmt werden, denn in Hinsicht auf die Verletzungsgefahr dürfen
zu Beginn der Aufwärmarbeit keine Spiele stehen, die schnelle Antritte, Sprints und abrupte Ausweichbewegungen enthalten. Je älter
die Teilnehmer sind, desto größer ist für sie bei solchen Spielen
die Gefahr des Verletzens, während bei Kindern (bis ca. zum 12. Lebensjahr) aufgrund einer frühzeitigen ergotropen Umstellung (siehe
Seite 145) ein spielerisches Aufwärmen relativ unbedenklich ist.
Die Schwierigkeit des spielerischen Aufwärmens liegt ohnehin in
der Dosierung der Bewegungsintensität. Die Spiele müssen deshalb
so ausgewählt werden, daß sich alle Übenden möglichst zur gleichen

Zeit unter dem Einsatz großer Muskelgruppen mit einer "mittleren" Intensität bewegen. Unter einer mittleren Bewegungsintensität soll hier verstanden werden, daß die Spiele den Teilnehmern so viel Bewegung abfordern, daß es zu einer Steigerung der Körperkerntemperatur kommt, ohne dabei eine frühzeitige Ermüdung oder gar eine Verletzung herbeizuführen. Aus diesem Grunde sind die nachfolgenden Übungen, die exemplarisch einen kleinen Bruchteil an guten Aufwärmspielen darstellen, in zwei Kategorien eingeteilt worden:

"Kategorie A": Spiele, die keine Vorerwärmung erfordern, d.h. die ohne Verletzungsgefahr begonnen werden können;
"Kategorie B": Spiele, die eine gewisse Grunderwärmung voraussetzen, weil sie schnelle Richtungsänderungen enthalten.

Nach einer Spielzeit von etwa 8 bis 12 Minuten sollten generell einige laufgymnastische Übungen oder Ganzkörperübungen angeschlossen werden (ca. 3 Minuten), um den unterschiedlichen Spieleinsatz der Teilnehmer auszugleichen.

Kategorie A

1) **Zeitschätzläufe**: Die Trainingsgruppe wird in mehrere Mannschaften eingeteilt. Aufgabe ist es, ohne Uhr - nur nach Gefühl - gemeinsam eine vorgegebene Zeit zu traben. Wenn eine Gruppe der Meinung ist, die Zeit sei vorbei, bleibt sie stehen und ruft laut "Stopp". Die anderen Mannschaften geben ebenfalls auf diese Weise bekannt, wann ihrer Meinung nach die Laufzeit vorbei ist. Der Spielleiter notiert sich für jede Mannschaft die verschätzten Sekunden (Differenz zur Sollzeit) und addiert sie am Ende des Spiels (5 bis 10 Durchgänge mit Laufzeiten von 20 Sekunden bis 2 Minuten). Gewonnen hat die Mannschaft mit der geringsten Zeitabweichung. Hinweis: Jeder Teilnehmer soll in seiner Gruppe einmal die Zeit schätzen und das Tempo angeben.

2) **Haltet die Seite frei!**: Zwei Gruppen, durch eine Linie getrennt, versuchen einander möglichst viele Bälle zuzurollen. Zugerollte Bälle dürfen sofort zurückgerollt werden. Nach einer vorher bekanntgegebenen Zeit (z.B. 30 Sekunden) ertönt ein Pfiff und die Bälle werden gezählt. Welche Gruppe hat die wenigsten Bälle in ihrer Hälfte? (Mehrere Durchgänge von verschiedener Zeitdauer).

3) **Sautreiben**: Zwei Mannschaften stehen sich an zwei etwa 8 Meter voneinander entfernten Linien gegenüber. Jeder Teilnehmer hat einen Medizinball vor sich auf dem Boden liegen. In der Mitte zwischen den Linien befindet sich ein kleiner Medizinball oder Schaumstoffball. Auf Kommando versucht jede Mannschaft, den in der Mitte liegenden Ball mit ihren Medizinbällen über die gegnerische Linie zu treiben. Die Bälle dürfen zurückgeholt, jedoch nur hinter der Linie wieder abgeworfen werden. Hinweis: Vorsicht beim Werfen und Zurückholen!

Variationen: - verschiedene Stoßformen (einarmig/beidarmig)
           - verschiedene Wurfformen (einarmig/beidarmig)
           - verschiedene Ballarten (Gymnastikbälle)

4) **Balljagd:** Aufstellung: Innenstirnkreis mit etwa 1 Meter Abstand zwischen den Spielern. Bei gerader Teilnehmerzahl (mit oder ohne Spielleiter) erhält man zwei Mannschaften, deren Mitglieder jeweils abwechselnd im Kreis verteilt sind, d.h. der zweite, vierte, sechste usw. Spieler zur linken oder rechten Seite gehört zu "meiner" Mannschaft. Jede Mannschaft erhält einen Ball. Die Bälle befinden sich im Kreis gegenüberliegend und werden zum Übernächsten weitergegeben. Welche Mannschaft transportiert den Ball so schnell, daß der Ball der anderen Mannschaft eingeholt wird? Hinweis: Es wird beim Werfen immer in Ballrichtung gesehen, um nicht den Nachbarn zu treffen.

5) **Wettwanderball:** Zwei oder mehrere Gruppen stehen im Grätschstand hintereinander in einer Reihe. Ein Medizinball wird vom Vordermann über die Köpfe der Gruppe zum Hintermann gegeben. Dieser läuft mit dem Ball nach vorne und gibt den Ball wieder nach hinten. Welche Gruppe ist zuerst fertig?
Variationen: - Der Medizinball wird durch die gegrätschten Beine nach hinten gerollt
           - Der Medizinball wird abwechselnd über den Kopf und zwischen den Beinen nach hinten durchgereicht
           - Der Medizinball wird durch Oberkörperdrehung (nach links/ rechts/ abwechselnd) nach hinten gegeben
           - Der Letzte krabbelt zwischen den gegrätschten Beinen der Mitspieler nach vorne
           - Kreisaufstellung, die linke (rechte) Körperseite zeigt zur Kreismitte. Ein Medizinball wird auf verschiedene Weise (siehe oben) nach hinten weitergegeben. Der Übungsleiter gibt kontinuierlich immer mehr Bälle in den Kreis. Wieviele Bälle können maximal von der Gruppe transportiert werden? Hinweis: Ball erst dann loslassen, wenn der Hintermann zugegriffen hat.

Kategorie B

6) **Bandwurm:** Eine Gruppe aus ca. 8 bis 12 Mitspielern bildet eine Schlange durch Umfassen der Hüften. Der "Kopf" versucht den "Schwanz" zu erwischen.
Variationen: - Verteidigender Bandwurm: Der "Kopf" verteidigt seinen "Schwanz" gegen einen Angreifer, danach Wechsel, Angreifer wird Verteidiger, der Letzte der Schlange wird zum Angreifer.
           - Zwei kämpfende Bandwürmer: 2 Schlangen wie oben. Jeder versucht, den "Schwanz" der anderen Schlange zu erwischen. Bei Wechsel wird der "Kopf" zum "Schwanz".

7) **Bandwurmrennen:** Gruppenwettlauf von zwei oder mehreren Schlangen über eine Distanz von 20-30 Metern
- im "Schlangengriff": Der erste Spieler der Reihe reicht die rechte Hand zwischen seinen gegrätschten Beinen nach hinten. Der nächste Spieler greift mit der linken Hand die rechte Hand des Vordermannes und gibt wieder seine rechte Hand nach hinten
- als "Tausendfüßler": Alle Spieler beugen sich nach vorn und umfassen mit den Händen die Knöchel des Vordermannes, der Erste stützt sich mit den Händen auf dem Boden ab
- Hüpfen in einer Reihe mit Bein- und Schulterfassen. Jeder Spieler reicht das linke Bein nach hinten. Der Hintermann faßt das nach hinten gereichte Bein mit der linken Hand und stützt sich mit der rechten Hand auf die Schulter des vor ihm Stehenden. Auf Kommando beginnen alle mit dem Hüpfen auf dem rechten Bein. Danach Hand- und Fußwechsel

8) **Parteiball:** Zwei durch verschiedene Parteibänder gekennzeichnete Mannschaften versuchen sich gegenseitig einen Ball abzujagen (kein Körperkon-
takt, kein zu langes Halten des Balles). Welche Mannschaft kann den Ball
am längsten halten? (10 Zuspiele = 1 Punkt)
Variation: - Von beiden Mannschaften ist jeweils die Hälfte auf zwei
              Volleyballfelder (o. dergl.) verteilt. Der Ball darf in einem
              Feld innerhalb der Mannschaft nur zweimal hin und her gewor-
              fen werden und muß danach über das andere Feld an die eigenen
              Mannschaftsmitglieder abgegeben werden. Die gegnerische Mann-
              schaft versucht dies zu verhindern. Gewertet wird die Anzahl
              der Seitenwechsel

9) **Basketball verkehrt:** Zwei Mannschaften spielen in einem Basketballfeld.
Ein Ball (nicht zu schwer) soll gegen das Basketballbrett der gegnerischen
Mannschaft geworfen werden und muß von einem Mannschaftsmitglied wieder ge-
fangen werden. Die andere Mannschaft versucht dies zu verhindern. Für je-
den gelungenen Fang erhält die Mannschaft einen Punkt. Es dürfen mit dem
Ball nicht mehr als zwei Schritte gelaufen werden.
Variation: - Nur bestimmte Spieler (z.B. Frauen) dürfen den Ball fangen
              bzw. im regulären Basketballspiel Körbe werfen

10) **Brückenhaschen:** Je nach Gruppengröße werden 1 bis 4 Fänger bestimmt.
Die Fänger versuchen, möglichst alle anderen Mitspieler zu "ticken". Wer
von einem Fänger berührt wurde, muß in die "Brückenposition" gehen (weite
Grätsche oder Hände und Füße auf dem Boden, Po hoch). Er kann von einem
"freien" Spieler erlöst werden, indem dieser unter der "Brücke" des Gefan-
genen hindurchkriecht. Schaffen es die Fänger, alle Spieler in die Brückenposition zu bekommen? Nach ca. 1-2 Minuten erfolgt ein Fängerwechsel.

11) **Parteibänder- oder Pferdeschwanzrauben:** Jeder Mitspieler erhält
ein Parteiband, welches am Rücken befestigt wird (zur Hälfte in die Hose
stecken). In einem vorgegebenen Feld versucht nun jeder Teilnehmer, seinen
Mitspielern möglichst viele Bänder zu rauben, ohne dabei sein eigenes
Parteiband zu verlieren. Bei Verlust des Parteibandes darf sich nur noch
auf allen Vieren fortbewegt werden. Gelangt man in den Besitz eines neuen
Parteibandes, darf man wieder laufen. Die erjagten Parteibänder sind ebenfalls in die Hose zu stecken. Wer hat nach einer vorgegebenen Zeit (z.B.
4 Minuten) die meisten Parteibänder?
Variation: - ohne Hinsetzen

12) **Weichmattenstaffel:** Nur in der Halle mit mindestens zwei Mannschaften
aus je 6 Spielern durchführbar. Die Mannschaften stehen an einer Stirnseite
der Turnhalle. Vor ihnen liegt quer je eine Weichmatte (die glatte Seite
nach unten). Auf Kommando laufen aus jeder Mannschaft zwei Spieler zur
Matte und springen gleichzeitig im Hechtsprung auf die Matte, die dadurch
ein Stück auf dem Boden entlangrutscht. Die Spieler stehen danach sofort
wieder auf, laufen zurück und das nächste Paar kann nach einem Handschlag
zur Matte laufen und diese durch einen gemeinsamen Hechtsprung weiter-
befördern. Welche Mannschaft schafft es, ihre Matte auf diese Weise als
erste zur gegenüberliegenden Stirnseite zu befördern?

Literatur, die weitere Anregungen zur abwechslungsreichen Gestaltung des allgemeinen Aufwärmens enthält:
1. KOS, B./TEPLÝ, Z./VOLRÁB, R.: Gymnastik - 1200 Übungen.
   Berlin (Ost) 1979.
2. MURER, K. (Red.): 1003 Spiel- und Übungsformen in der Leichtathletik. Schorndorf 1986.

2 SPEZIELLES AUFWÄRMEN

2.1 Muskeldehnung

Dehnübungen gehören zum Kern eines Aufwärmprogrammes und stehen am Beginn des speziellen, auf die nachfolgende Belastung ausgerichteten Aufwärmens. Mit ihnen wird in der Vorbereitung auf die körperliche Belastung:
- ein Dehnungsrückstand in der Muskulatur erzeugt und damit das Bewegungsausmaß eines Gelenkes vergrößert. Extreme Gelenkbewegungen werden leichter durchführbar und die Gefahr von Muskel- und Gelenkverletzungen herabgesetzt;
- die Durchblutung der Muskulatur unterstützt und damit zu ihrer bestmöglichen Ver- und Entsorgung beigetragen;
- der Gefahr von Muskelverhärtungen und Muskelverkürzungen in überlasteten Muskelgruppen vorgebeugt und bestehende Muskelverspannungen werden beseitigt.

Die Art, die Dauer und die Anzahl der Dehnübungen richtet sich in hohem Maße nach der Sportart, dem Hauptteil des Trainings bzw. der speziellen Wettkampfsituation und den räumlichen Gegebenheiten.

Dehnübungen haben ihren Platz an verschiedenen Stellen des sportlichen Trainings:
- in der Aufwärmarbeit vor Training und Wettkampf:
Dehnübungen innerhalb eines Aufwärmprogrammes haben die Aufgabe, die derzeit mögliche Beweglichkeit in bestimmten Gelenken für die Dauer einer Trainingseinheit herzustellen. Im Gegensatz zu reinen Dehnprogrammen, die die Beweglichkeit eines oder mehrerer Gelenke längerfristig erhöhen sollen, d.h. eine Anpassung der Muskulatur erreichen wollen, genügt für das Erwärmen ein wesentlich geringerer zeitlicher Aufwand mit weniger Übungen. Regelmäßige Dehnübungen im Aufwärmprogramm sind unbedingt notwendig, um die Beweglichkeit zu erhalten und die Muskulatur zu pflegen.
- als Teil des Abwärmens ("Cool-Down"):
Dehnübungen während des Cool-Down (z.B. nach dem Auslaufen) dienen vorwiegend der Regeneration der ermüdeten Muskulatur. Sie sollen die durch die Belastung verspannte und verhärtete Muskulatur entkrampfen, d.h. den Muskeltonus senken und durch eine verbesserte

Durchblutung den Abtransport von Stoffwechselschlacken beschleunigen.

- als eigenständiger Schwerpunkt im Training:
Haben Dehnübungen das eindeutige Ziel, bestimmte Beweglichkeitsdefizite zu bekämpfen, muß über das Aufwärmprogramm hinaus auf eigenständige Dehnschwerpunkte (mindestens drei Dehnblöcke pro Woche von etwa 20 Minuten Dauer, aber am besten tägliches Dehnen) zurückgegriffen werden, um einen Trainingseffekt zu erreichen und damit eine langfristige Erhöhung der Beweglichkeit zu erzielen. Hier sind Sportarten wie Turnen, rhythmische Sportgymnastik und Eiskunstlauf zu nennen, in denen ein großer Teil der Trainingszeit für die Verbesserung der speziellen Beweglichkeit aufgewendet wird.

In einem Aufwärmprogramm muß erfahrungsgemäß eine Zeit von etwa 4 bis 7 Minuten für reine Dehnübungen eingeplant werden. Da durch Dehnübungen meist nur lokal begrenzte Körperbereiche angesprochen werden, die in der Regel mit geringer körperlicher Bewegung verbunden sind, besteht hier besonders bei ungünstiger Witterung die Gefahr des Auskühlens, d.h. bei einer zu langen Dehnphase sinkt die Körperkerntemperatur wieder ab. Die positiven Auswirkungen der erhöhten Körperkerntemperatur würden somit verloren gehen. Die Aufwärmarbeit kann in diesem Fall nur die notwendigsten Dehnübungen enthalten, die zudem konzentriert und zügig nacheinander durchgeführt werden sollten.

In der Folgezeit der vor einigen Jahren ausgebrochenen "Stretchingwelle" sind zwei Extreme besonders aufgefallen. Da sind zum einen diejenigen Sportler, die Dehnübungen noch immer nicht als Bestandteil des Trainings - speziell des Aufwärmens - aufgenommen haben und die offensichtlich auch nicht wissen, daß die Auswahl der Übungen und die Art ihrer Ausführung von entscheidender Bedeutung ist. Dann gibt es andererseits die Gruppe jener Sportler, für die Dehnübungen schon fast zum Hauptbestandteil des Trainings geworden sind. In diesem Falle wird der Muskeldehnung innerhalb des Aufwärmens ein zu großer zeitlicher Anteil eingeräumt, so daß die "aufwärmenden", koordinativen und kräftigenden Anteile zu kurz kommen. Hier wird dann aus der Dehnphase nicht selten eine "Klönphase".

2.1.1 Methoden zur Verbesserung der Beweglichkeit

Am wirksamsten und schonendsten haben sich in den letzten Jahren
zwei Dehnmethoden erwiesen:
- das permanente Dehnen
- die postisometrische Relaxation

Im Zusammenhang mit der "Stretchingwelle" sind für diese beiden Dehnmethoden eine Vielzahl von Namen verwendet worden. Dies liegt darin
begründet, daß viele Autoren, die dieses Gebiet bearbeiteten, gleichzeitig eigene Bezeichnungen prägten. Beide Dehnmethoden versuchen,
die Schutzeinrichtungen (Reflexmechanismen) des Körpers gegen über-
mäßig starke und schnelle Dehnung der Muskulatur durch zielgerichtete langsame und kontrollierte Dehnungen zu umgehen (vergl. MAEHL
1986). Sie erfordern vom Übenden ein gewisses Maß an Verständnis
und Einfühlungsvermögen und setzen eine exakte Übungsausführung voraus.

Permanentes Dehnen ("Stretching nach Anderson")
Vorgehensweise: 1. Einnahme der <u>korrekten</u> Ausgangsposition
2. "Millimeterweise" Dehnen bis zur Schmerzgrenze
(leichtes Ziehen)
3. Halten der Position (10-30 Sekunden) bis das
Ziehen nachläßt ("Auswarten" des Schmerzes)
4. Ein- bis zweimalige Wiederholung ("Nachdehnen")

Wird die permanente Dehnung im Aufwärmprogramm angewendet, sollte
die gerade gedehnte Muskulatur mit einigen Kräftigungsübungen
"tonisiert" werden. Dies ist besonders vor schnellkräftigen Belastungen notwendig, um den Muskeltonus der entspannten Muskulatur
wieder zu erhöhen. Eine zu stark entspannte Muskulatur wäre nicht
voll leistungsfähig.

Die permanente Dehnung eignet sich auch sehr gut als Regenerations-
hilfe nach harten körperlichen Belastungen und kann zum Teil das
Auslaufen ersetzen.

Postisometrische Relaxation ("Contract-Hold-Relax-Stretch Methode"
oder "CHRS", "PNF", "3 S", "C-R-S-E", "Anspannungs-Entspannungs-
Dehnen")
Diese Methode wird seit längerer Zeit in der Krankengymnastik
angewendet und basiert auf Erkenntnissen der Neurophysiologie, die
besagen, daß unmittelbar nach einer isometrischen Muskelanspannung
ein Muskel auf einen Dehnreiz nur gering mit einer entsprechenden
Gegenspannung reagiert. Dies bedeutet, daß unmittelbar nach einer
Muskelkontraktion eine "tiefere" Entspannung des Muskels eintritt,
als dies durch willentliche Entspannung möglich ist.

Vorgehensweise: 1. Einnahme der korrekten Ausgangsposition
                2. Millimeterweise Dehnung bis knapp an die
                   Schmerzgrenze
                3. Gedehnte Muskulatur in dieser Position für etwa
                   6 Sekunden gegen einen Widerstand anspannen
                4. Nach einer kurzen Entspannungsphase von etwa
                   2 Sekunden erfolgt eine erneute Dehnung von
                   etwa 6 Sekunden Dauer
                5. Zwei- bis dreimalige Wiederholung

Die beiden Dehnmethoden unterscheiden sich nicht in ihren Ausgangs-
positionen, jedoch ist die isometrische Muskelanspannung nur gegen
einen entsprechenden Widerstand möglich (Partner, Wand, Torpfosten,
Geländer); sie läßt sich also nicht für jede Dehnposition durchführen. Der Vorteil der postisometrischen Relaxation liegt in einer
schnellen Beweglichkeitssteigerung bei gleichzeitig geringem Zeitaufwand, einer leichten Muskelkräftigung und einem besseren Aufwärmeffekt. Für die Beherrschung dieser Technik ist allerdings ein
längerer Lernprozeß nötig als für die Beherrschung des permanenten
Dehnens. Außerdem kommt es hier erfahrungsgemäß eher zu Ausweichbewegungen, d.h. zu einem Abweichen von der nach physiologischen
Gesichtspunkten korrekten Ausgangsstellung während der isometrischen Muskelanspannung.

2.1.2 Praktische Hinweise zur Durchführung von Dehnübungen
(nach MAEHL 1986)

Für die Zusammenstellung und Durchführung von Dehnprogrammen sind im Folgenden die wichtigsten zu beachtenden Punkte zusammengefaßt.

1. Dehnübungen müssen regelmäßig ausgeführt werden, d.h. die hauptsächlich beanspruchten Muskeln werden stets vor (warm up) und nach (cool down) jeder Übungsstunde gedehnt. Zusätzlich sollte - je nach Bereich (Schule, Vereins- oder Leistungssport) und der Häufigkeit des Trainings - mehrere Male, mindestens aber 2mal pro Woche, ein längeres Dehnprogramm absolviert werden.

2. Dehnübungen sollten bei angenehmer Temperatur und in ruhiger Atmosphäre ausgeführt werden, damit die Aktivität der Muskelspindeln möglichst niedrig gehalten wird. Dies kann im normalen Schul- und Trainingsbetrieb auf Schwierigkeiten stoßen. In der kalten Jahreszeit läßt sich ein umfangreicheres Dehnprogramm nur in geschlossenen Räumen durchführen.

3. Dehnübungen sollen im Aufwärmprozeß nicht übertrieben ausgeführt werden. Ein vielseitig trainierter Muskel darf nicht zu intensiv gedehnt werden, es besteht sonst die Gefahr des zu starken Absinkens des Muskeltonus. Der Muskel kann dann nur noch in ungenügendem Maße schnellkräftig kontrahieren.

4. Das Dehnprogramm bildet immer nur einen Teil der Aufwärmarbeit; es ersetzt nicht das Einlaufen, Einspielen, Einschwimmen etc.

5. Dehnübungen sollen möglichst einfach durchzuführen sein und wenig Zeit des Gesamtübungsprozesses in Anspruch nehmen.

6. Qualität geht vor Quantität! Besser wenige Übungen, aber mehrmalige und exakte Ausführung.

7. Funktionelle gymnastische Übungen verlangen Genauigkeit in der Ausgangsstellung und Bewegungsausführung. Die Kenntnis des Aufbaus und der Mechanik der Gelenke, besonders des Richtungsverlaufs der Gelenkachsen, ist für die Übungsauswahl und deren Ausführung von entscheidender Bedeutung.

8. Das Ausmaß des Dehnens orientiert sich an dem Gefühl für die Dehnintensität und nicht an der Weite der Dehnung. Die Intensität wird durch eine minimale Änderung der Ausgangsstellung - nach dem "Millimeterprinzip" - gesteigert.

9. Jeder Sportler hat seine eigene Dehnfähigkeit, die es zu erweitern gilt. Falscher Ehrgeiz ist unangebracht!

10. Grundsätzlich: Das Auftreten von Schmerzen ist zu vermeiden! (andernfalls erhöht sich der Muskeltonus reflektorisch).

11. Das Dehnprogramm beginnt mit den Muskeln der Extremitäten (Arme und Beine) und nähert sich systematisch (jede Körperseite gleichmäßig) der Rumpfmuskulatur. Eine Dehnübung beginnt immer mit der unbeweglicheren und verspannteren Körperseite, da für den ersten Teil der Übung erfahrungsgemäß mehr Zeit aufgewendet wird.

12. Das Dehnen erfolgt nach dem Prinzip Agonist (Handelnder) - Antagonist (Gegenhandelnder). Das bedeutet: im Anschluß an das Dehnen eines Muskels folgt das

Dehnen seines Gegenspielers. Wird dieses Prinzip nicht berücksichtigt, kommt es zu einem ungleichen Verhältnis der Spannungen zwischen den Muskelgruppen (muskuläre Dysbalancen).

13. Die Bewegungen bei jeder einzelnen Übung orientieren sich an der unwillkürlichen Atembewegung (nicht umgekehrt).

14. Der Aktive konzentriert sich ausschließlich auf sich selbst (Sprechen vermindert die Entspannungswirkung).

15. Die innere Einstellung zu den Dehnübungen muß möglichst positiv sein, d.h. der Aktive sollte von ihren günstigen Auswirkungen überzeugt sein. Aufgezwungene Dehnübungen haben nur gringen Erfolg.

16. Wenn eine Neigung zu Kreuzbeschwerden besteht, sollte man auf Übungen verzichten, bei denen beide Beine zur gleichen Zeit gebeugt oder gestreckt werden. Es empfiehlt sich, in diesem Fall immer nur ein Bein zur Zeit zu dehnen.

17. Bei Verletzungen oder orthopädischen Problemen dürfen ohne Rücksprache mit einem Sportmediziner keine Dehnübungen für den gefährdeten Bereich durchgeführt werden.

2.1.3 Basisprogramm Muskeldehnung

Der nachfolgende Übungskatalog bildet ein Basis-Dehnprogramm. Es besteht aus 7 Dehnübungen, mit denen die wichtigsten Muskelgruppen angesprochen werden. Das Programm ist lediglich für den Aufwärmprozeß zugeschnitten und reicht daher nicht aus, um spezielle Beweglichkeitsdefizite zu beheben. Zu jeder Übung gibt es zahlreiche Variationen, die je nach Bedarf unterschiedlich kombiniert werden können (siehe Literaturhinweise). So wird es möglich, Dehnprogramme für die verschiedensten individuellen Bedürfnisse (z.B. bestimmte Beweglichkeitseinschränkungen), äußeren Bedingungen (z.B. fehlende Gelegenheiten zum Sitzen oder Liegen) und sportartspezifischen Anforderungen zu erstellen.

Alle 7 Übungen sind im Stehen durchzuführen, so daß sie auch bei schlechtem Wetter, im Wald oder auf dem Sportplatz eingesetzt werden können. Wenn man für jede Übung etwa 40-60 Sekunden vorsieht (jede Seite 20-30 Sekunden), dann dauert dieses Programm ungefähr 5 Minuten. Wegen der leichteren Erlernbarkeit sollten alle Übungen nach der Methode der permanenten Dehnung durchgeführt werden.

Hinweis: Das Basisprogramm ist fester Bestandteil vieler im Buch enthaltener Aufwärmprogramme. In den Aufwärmprogrammen für die einzelnen Sportarten (Kapitel V) werden aber je nach sportartspezifischen Anforderungen einige Übungen dieses Basisprogrammes durch speziellere Übungen ersetzt.

1

2

3

4

5

6

7

Beschreibung der Dehnübungen

Übung 1

Ausführung:	Fußspitzen zeigen nach vorn, hintere Ferse auf den Boden pressen, Kniegelenk strecken, Becken nach vorn schieben
Aufmerksamkeit:	Kniekehle, hintere Unterschenkelmuskulatur
Mögliche Ausweichbewegungen:	Kniegelenk nicht vollständig gestreckt, Füße stehen schräg
Hinweis:	Bei gleicher Ausführung mit gebeugtem Kniegelenk werden die tieferen Bereiche der Wadenmuskulatur (Schollenmuskel) gedehnt

Übung 2

Ausführung:	Ferse zum Gesäß ziehen, Hüfte strecken (kein Hohlkreuz, sondern das Becken mit der Bauchmuskulatur "festhalten")
Aufmerksamkeit:	Vordere Oberschenkelmuskulatur
Mögliche Ausweichbewegungen:	Hohlkreuz, Fuß-, Knie- und Hüftgelenk befinden sich nicht in einer Ebene (durch Verkanten der Gelenke erfolgt keine achsengerechte Dehnung)
Hinweis:	Bei Beschwerden am Fußgelenk (überdehnte Bänder durch häufiges "Umknicken") greift die Hand nicht an die Fußspitze, sondern um das Fußgelenk (in diesem Fall keine Dehnung der vorderen Unterschenkelmuskulatur)

Übung 3

Ausführung:	Hinteres Knie strecken, gestreckten Oberkörper langsam nach vorn neigen
Aufmerksamkeit:	Kniekehle, hintere Oberschenkelmuskulatur, gestreckter Rücken ("Po nach hinten schieben")
Mögliche Ausweichbewegungen:	Runder Rücken im Lendenwirbelsäulenbereich
Hinweis:	Mit gespreizten, aufgelegten Händen kann die Rückenstreckung kontrolliert werden. Auf Spannungsunterschiede zwischen der linken und rechten Seite achten!

Übung 4

Ausführung:	Fußstellung hüftbreit, Fußspitzen zeigen nach vorn, ganze Sohle auf dem Boden, Gesäß senken, Knie vorschieben
Aufmerksamkeit:	Lendenwirbelsäule
Mögliche Ausweichbewegungen:	Fersen sind nicht am Boden, Fußgelenke knicken nach innen (Pronation), Fußspitzen zeigen nicht exakt nach vorn
Hinweis:	Wirksame Kräftigungsübung für die vordere Schienbeinmuskulatur bei instabilen Fußgelenken. Bei zu geringer Beweglichkeit mit dem Rücken anlehnen. Vorsicht bei Kniebeschwerden!

Übung 5
Ausführung: Weiter Grätschstand, aufrechter Oberkörper, Becken
                         zum Fuß des gebeugten Beines schieben
Aufmerksamkeit: Aufrechter Oberkörper, Innenseite der Oberschenkel
                         (Adduktoren)
Mögliche Ausweichbewegungen: Becken ist vorgekippt (Hohlkreuz), Oberkörper ist
                         nicht aufgerichtet

Übung 6
Ausführung: Hüfte zur Seite des vorstehenden Fußes schieben,
                         Oberkörper zur anderen Seite neigen
Aufmerksamkeit: Gesamte gedehnte Körperseite
Mögliche Ausweichbewegungen: Rumpfverwringung (Schulter- und Beckenachse bleiben
                         bleiben nicht in einer Ebene)

Übung 7
Ausführung: Ellenbogengelenke strecken, Brust nach unten drücken
Aufmerksamkeit: Ellenbogen, Brustmuskulatur
Hinweis: Durch Veränderung der Griffweite können verschiedene
                         Bereiche des großen Brustmuskels gedehnt werden. Die-
                         se Übung ist auch als Partnerübung geeignet

Literatur zur Vertiefung des Themengebietes "Muskeldehnung":

1. ANDERSON, B.: Stretching. Waldeck-Dehringhausen 1982.

2. MAEHL, O.: Beweglichkeitstraining. Ahrensburg bei Hamburg 1986.

3. SPRING, H. et al.: Dehn- und Kräftigungsgymnastik. Stuttgart 1986.

2.2 Muskelkräftigung

An die Dehnübungen schließt sich ein Abschnitt mit Kräftigungsübungen an. Kräftigungsgymnastik soll in der Aufwärmarbeit
- zur Tonisierung der Haltemuskulatur des Rumpfes beitragen und gleichzeitig der Stabilisierung und Erhöhung der Belastbarkeit der Wirbelsäule dienen,
- sportartspezifische muskuläre Dysbalancen ausgleichen,
- die nachfolgend benötigten Hauptmuskelgruppen aktivieren (besonders vor schnellkräftigen Belastungen).

Während das letztgenannte Ziel hauptsächlich durch Übungen erreicht wird, die meist in der unmittelbaren sportartspezifischen Belastungsvorbereitung enthalten sind (Einwerfen, Einspringen, Einschlagen, Steigerungsläufe, "Sprint-ABC" usw.), stehen hier mehr die **verletzungsvorbeugenden Übungen** im Mittelpunkt. Die nachfolgende Kräftigungsgymnastik dient dem Schutz besonders gefährdeter Bereiche des Bewegungsapparates und trägt zur Entwicklung der stabilisierenden Muskulatur bei (hierzu zählt speziell die Bauchmuskulatur, die seitliche Rumpfmuskulatur, die Gesäßmuskulatur und nicht zuletzt die Fußmuskulatur). Erfahrungsgemäß werden diese Muskelgruppen im Training häufig vernachlässigt und bedürfen daher besonderer Aufmerksamkeit. In diesem Zusammenhang ist es notwendig darauf hinzuweisen, daß eine zielgerichtete Kräftigungsgymnastik unbedingt dem Bau und der Funktion des menschlichen Körpers zu entsprechen hat! Dieser Forderung ist in den zurückliegenden Jahren mit der sogenannten traditionellen Gymnastik nicht genügend nachgekommen worden.

Zur Verdeutlichung sei hier der Bereich der Bauchmuskelkräftigung angeführt. Übungen wie "Klappmesser", "Sit ups" oder gar das Aufrichten am "Bauchbrett" (unter Umständen sogar noch mit Zusatzbelastungen) bewirken nicht die gewünschte Kräftigung der Bauchmuskulatur, sondern vorrangig einen Aufbau der Hüftbeugemuskulatur. Diese Muskulatur wird aber allein schon im Alltagsgebrauch und durch die Ausübung einfacher Grundformen der Bewegung, wie Laufen und Springen, sehr gut entwickelt, so daß sie sich bei einem zusätzlichen speziellen Training ohne gleichzeitige Kräftigung ihrer Gegenspieler (Bauch- und Gesäßmuskulatur) unverhältnismäßig stark

ausbildet. Ein so entstandenes muskuläres Ungleichgewicht führt
zu einer Überlastung der Befestigungspunkte dieser Muskulatur
- unter anderem der Lendenwirbelsäule. Sportler, die eine über-
proportional entwickelte Hüftbeugemuskulatur besitzen, leiden
meist unter einer Verformung der Lendenwirbelsäule, die sich besonders unter Belastung und bei Ermüdung, dem sogenannten funktionellen Hohlkreuz, bemerkbar macht (vergl. GRAFF/PRAGER 1986).
Eine solche Veränderung der Wirbelsäulenform führt wiederum zu einem verstärkten Verschleiß der Bandscheiben und einer Abnahme der
Belastungsverträglichkeit. Die Lendenwirbelsäule zählt zu den
schwächsten und verletzungsanfälligsten Bereichen des menschlichen
Bewegungsapparates, ihre Schädigung führt zu einer starken Beein-
trächtigung des allgemeinen Wohlbefindens.

Jede Kräftigungsgymnastik sollte daher vorerst auf eine Stärkung
der in der Regel unterentwickelten Bauchmuskulatur hinwirken, an
die sich eventuell später, den sportartspezifischen Anforderungen
entsprechend, ein Training der Hüftbeuger anschließen kann.

Weiterhin muß bei allen Kräftigungsübungen jegliches Überstrecken
der Lendenwirbelsäule (Hohlkreuz) vermieden werden. Daher ist es
angeraten, bei Übungen in der Rückenlage die Lendenwirbelsäule
durch die Anspannung der Bauchmuskulatur gegen den Boden zu pressen
und sie damit zu entlasten.

Die Anzahl der sogenannten funktionellen Kraftübungen, die zum Teil
dem Bereich der therapeutischen Gymnastik entstammen, ist groß. Wir
wollen uns hier wiederum auf eine stellvertretende, überschaubare
Auswahl an Übungen beschränken.

Alle Übungen müssen korrekt (auf die Bewegungsbeschreibung achten!),
langsam und kontrolliert ausgeführt werden. Wie bei den Dehnübungen
kommt es hier auf die qualitativ saubere Ausführung und nicht auf
die Anzahl und das Tempo der absolvierten Übungen an.

Für die Übungen 1 bis 10 wird ein trockener, warmer und sauberer
Untergrund benötigt. Da bei einem Training im Freien, besonders bei
ungünstigen Witterungsbedingungen, häufig keine Gelegenheiten zum

1

2

3

Hinlegen vorhanden sind, werden hier alternativ die Übungen 11 bis 13 zur Kräftigung der Rumpfmuskulatur im Stand angeboten. Nach Möglichkeit sollten jedoch die Übungen 1 bis 10 wegen ihrer größeren Wirksamkeit zusätzlich (z.B. als "Hausaufgabe") durchgeführt werden.

2.2.1 Übungen zur Kräftigung der Rumpfmuskulatur

Bauchmuskulatur

Übung 1
Ausführung: Rückenlage, Knie gebeugt, Füße fest auf dem Boden, Beine hüftbreit auseinander, Fingerspitzen an die Ohren, Kopf und Schultern langsam nacheinander anheben und den Oberkörper soweit wie möglich "Wirbel für Wirbel" aufrollen, einige Sekunden halten und langsam wieder abrollen. Ellenbogen bleiben während der Bewegung hinten; 4-8 Wiederholungen
Aufmerksamkeit: Fußsohlen am Boden halten
Hinweis: Übung nicht schwunghaft, sondern langsam und kontrolliert ausführen

Übung 2
Ausführung: Rückenlage, Beine hüftbreit auseinander und leicht angebeugt, die Fersen drücken fest gegen den Boden, Gesäß zusammenkneifen, Bauch einziehen, "Kreuz" (Lendenwirbelsäule) gegen den Boden pressen, Hände befinden sich in Höhe des Bauchnabels, Arme sind leicht gebeugt, Daumen zeigen nach unten, die Nase zieht in Richtung Hände, die Schultern heben sich leicht von der Unterlage ab, 4-5 Sekunden halten, Kopf und Oberkörper langsam wieder absenken; 4-8 Wiederholungen
Aufmerksamkeit: Kein ruckartiges Anheben von Kopf und Oberkörper, nicht "pressen", sondern beim Anheben langsam ausatmen
Hinweis: Ziehen Kopf und Oberkörper zum linken oder rechten Handgelenk, wird die schräge Bauchmuskulatur gekräftigt

Übung 3
Ausführung: Rückenlage, rechter Winkel im Knie- und Hüftgelenk, Gesäß langsam anheben und senken; 4-8 Wiederholungen
Aufmerksamkeit: Winkelstellung beibehalten, langsame Ausführung
Hinweis: Sehr intensive Form der Bauchmuskelkräftigung, zusätzliche Aktivierung der Oberarm- und Schultermuskulatur. Die Fixierung des Oberkörpers erfordert einen Partner oder ein Gerät (Sprossenwand), an dem sich der Übende festhalten kann

4

5

6

Seitliche Rumpfmuskulatur/Abduktoren

Übung 4

Ausführung: Seitlage, Oberkörper ist auf den Unterarm gestützt, Becken anheben bis die Körpermittellinie eine Gerade bildet. Bei vorhandener Kraft oberes Bein und oberen Arm abspreizen. Anspannungsdauer: 10-15 Sekunden, 3-5 Wiederholungen

Aufmerksamkeit: Schulter- und Beckenachse in einer gemeinsamen Ebene halten

Hinweis: Komplexe Kräftigungsübung für Rumpf-, Becken- und Beinmuskulatur

Rückenmuskulatur

Übung 5

Ausführung: Kniestand, Stirn auf dem Boden, Oberkörper anheben bis sich Kopf und Rücken parallel zum Boden befinden (nicht über die Horizontale anheben), Ellenbogen anheben und Schulterblätter zusammenpressen, 4-5 Sekunden halten, langsam senken; 4-8 Wiederholungen. Gesäß soweit vorschieben, daß das Gleichgewicht gerade noch gehalten werden kann

Aufmerksamkeit: Gerader Rücken (kein Hohlkreuz oder Rundrücken)

Hinweis: Zu Beginn der Übung sollte am besten eine Haltungskontrolle und gegebenenfalls eine Korrektur von einem Partner vorgenommen werden

Übung 6

Ausführung: Kniestand, Beine hüftbreit auseinander, Arme völlig strecken, Daumen zeigen nach oben, Nase befindet sich knapp über dem Boden, wechselseitiges Heben und Senken der gestreckten Arme, Oberkörper bleibt ruhig, die Bewegung vollzieht sich in den Schultergelenken; 2-5 Wiederholungen von 10-20 Sekunden Dauer

Aufmerksamkeit: Nase unten halten, gerader Rücken (kein Hohlkreuz oder Rundrücken)

Hinweis: Kombination mit Übung 9 des Ganzkörpergymnastikprogramms möglich

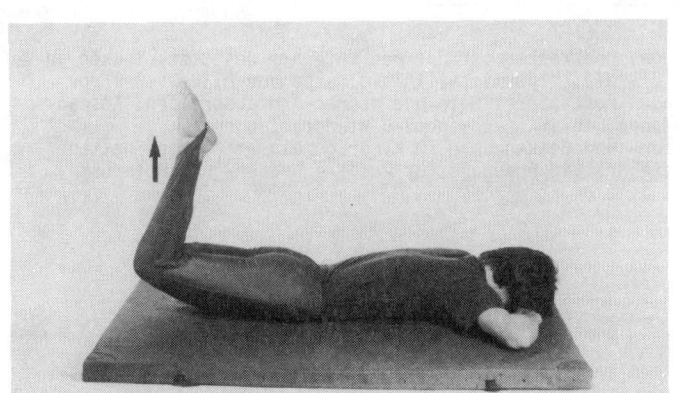

7

8

Gesäßmuskulatur

Übung 7
Ausführung: Bauchlage, rechter Winkel im Kniegelenk, Fuß- und Kniegelenke zu-
                 sammenpressen, Gesäßmuskulatur anspannen und Knie einige Zenti-
                 meter vom Boden abheben; Anspannungsdauer 10-15 Sekunden,
                 3-5 Wiederholungen
Aufmerksamkeit: Fuß- und Kniegelenke zusammenhalten, Gesäßmuskulatur anspannen
Hinweis: Ein eventuelles Vorkippen des Beckens kann mittels einer flachen
                 Unterlage (aufgerolltes Handtuch) unter dem Becken verhindert
                 werden

Stabilisierende Ganzkörperübungen

Übung 8
Ausführung: Vierfüßlerstand, Knie zum Kopf ziehen (runder Rücken), anschlie-
                 ßend das gebeugte Bein und den gegenüberliegenden Arm langsam
                 wegstrecken. Fuß- und Handfläche drücken gegen eine gedachte
                 Wand (Fingerspitzen zeigen nach oben, Zehen nach unten), Blick
                 zum Boden, Arme, Beine, Schultern und Becken bleiben in einer
                 Ebene. Jede Seite 6-12mal langsam ohne Unterbrechung beugen und
                 strecken
Aufmerksamkeit: Arme und Beine exakt nach vorne bzw. nach hinten strecken und da-
                 bei nicht seitlich ausweichen
Hinweis: Um eine saubere Übungsausführung zu erreichen, sollte eine Kon-
                 trolle durch einen Partner vorgenommen werden

9

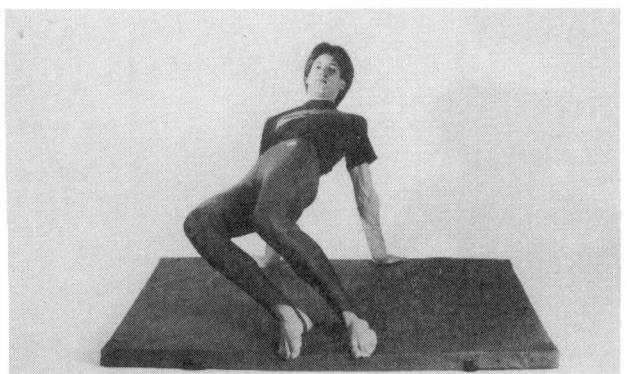

10

Übung 9
Ausführung: Rückenlage, Oberkörper bei ausgestreckten Armen auf den Händen ab-
stützen, Fersen fest gegen den Boden drücken, Gesäßmuskeln anspan-
nen, Becken langsam anheben bis der gesamte Körper eine schiefe
Ebene bildet; Anspannungsdauer 10-20 Sekunden, 3-5 Wiederholungen
Aufmerksamkeit: Becken nicht absinken lassen
Hinweis: Oberkörper kann auch auf den Unterarmen abgestützt werden

Übung 10
Ausführung: Vierfüßlerstand rücklings, Becken bis auf Kniehöhe anheben, beide Knie bewegen sich langsam möglichst weit nach links und anschließend nach rechts; Übungsdauer 10-20 Sekunden, 3-5 Wiederholungen
Aufmerksamkeit: Becken bleibt auf Kniehöhe
Hinweis: Der Oberkörper kann in der Ausgangsstellung auch langsam und
kontrolliert vor- und zurückgeschoben werden (siehe untere Abbildung)

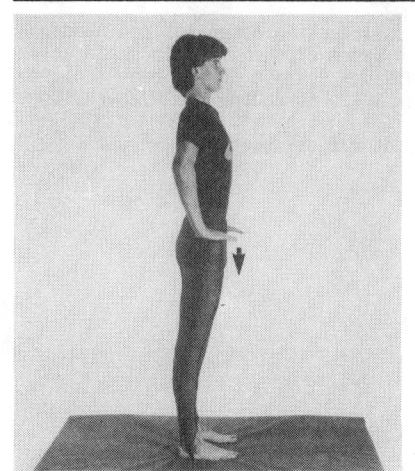

11

12

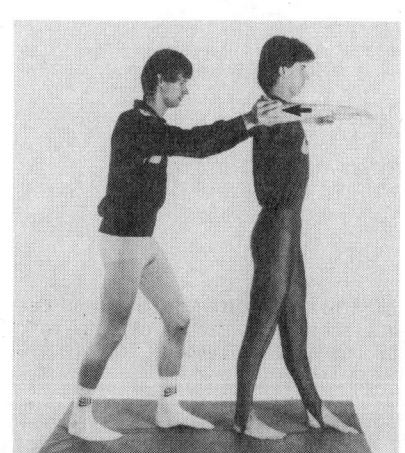

13

Kräftigungsübungen im Stand

Übung 11

Ausführung: Schulterbreite Fußstellung, Schulterblätter zusammenpressen,
Bauch- und Gesäßmuskulatur fest anspannen, so daß sich das Bek-
ken aufrichtet, die Hände befinden sich neben den Hüftgelenken,
die Daumen zeigen zum Gesäß, die Handflächen stemmen gegen einen
gedachten, unüberwindlichen Widerstand in Richtung Boden; Anspannungsdauer 4-5 Sekunden, 4-6 Wiederholungen

Aufmerksamkeit: Während der Anspannung weiterhin gleichmäßig atmen

Hinweis: Diese Übung eignet sich bei Beschwerden in der Lendenwirbelsäule
auch sehr gut für den Alltag

Übung 12

Ausführung: Einbeiniger Stand, freies Bein im Knie- und Hüftgelenk beugen
und das Knie mit den Armen zur Brust ziehen. Gesäßmuskulatur des
gebeugten Beines stark anspannen und das Hüftgelenk gegen den
Widerstand der Arme strecken

Aufmerksamkeit: Oberkörper aufrecht halten (kein Hohlkreuz), Knie des Standbeines durchdrücken

Hinweis: Wenn möglich, mit dem Rücken an eine Wand lehnen

Übung 13

Ausführung: Arme in Seithalte (Schulterhöhe), Ausfallschritt einnehmen,
Ellenbogen gegen den Widerstand eines Partners nach hinten
drücken (Schulterblätter zusammenpressen)

Aufmerksamkeit: Gerader Rücken (kein Hohlkreuz oder Rundrücken)

Hinweis: Je weiter der Ausfallschritt, desto größer die Standfestigkeit

Weiterführende Informationen und Übungskataloge enthalten:

1. GRAFF, K.-H./PRAGER, G.: Der Kreuzschmerz des Leistungssportlers.
   In: Leistungssport (16) 1986, H. 4 u. 6, 14-22, 31-36.

2. KNEBEL, K.-P.: Funktionsgymnastik. Reinbek bei Hamburg 1985.

3. WIRHED, R.: Sport-Anatomie und Bewegungslehre. Stuttgart, New York 1984.

2.2.2 Übungen zur Kräftigung der Füße und Sprunggelenke

Bei der Durchsicht verschiedenster Gymnastik- und Konditionsprogramme fällt immer wieder auf, daß für die Fußmuskulatur und die durch "Umknicken" gefährdeten Sprunggelenke nur wenige sinnvolle Übungen zur Kräftigung und Stabilisation angeboten werden. Generell wird im Aufwärmprogramm, aber auch in anderen Trainingsteilen, nicht genügend für diese Muskulatur getan. In Anbetracht der vielen zivilisationsbedingten Fußfehlformen und sehr häufig vorhandenen chronischen Instabilitäten bei Sprunggelenken von Sportlern (Bänderüberdehnungen), sollte der Fußmuskulatur und den muskulären Anteilen des Sprunggelenkes mehr Aufmerksamkeit beigemessen werden. Ein regelmäßiges Einbeziehen einiger der folgenden Übungen in das Aufwärmprogramm bedeutet einen gezielten Beitrag zur Vermeidung von Verletzungen.

Hinweis: Alle Übungen sind nach Möglichkeit barfuß und auf weichem Untergrund (Sand, Rasen o. dergl.) durchzuführen. Bei allen Übungen im Gehen und Stehen ist auf eine korrekte Körperhaltung zu achten, d.h. im wesentlichen auf eine aufrechte Stellung des Beckens durch Anspannung der Bauch- und Gesäßmuskulatur.

Übungen:

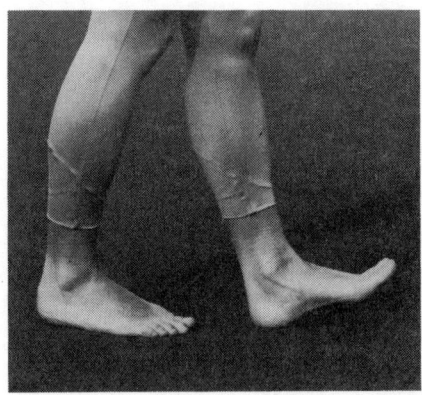

1. Gehen mit betontem Abrollen der Füße

2. Gehen über den Fußaußenrand
   (auch mit betontem Abrollen)

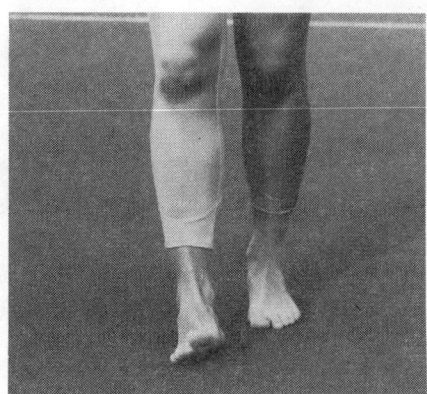

Gehen über den Fußinnenrand
(auch mit betontem Abrollen)

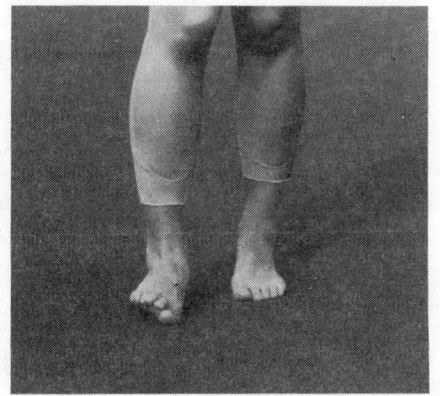

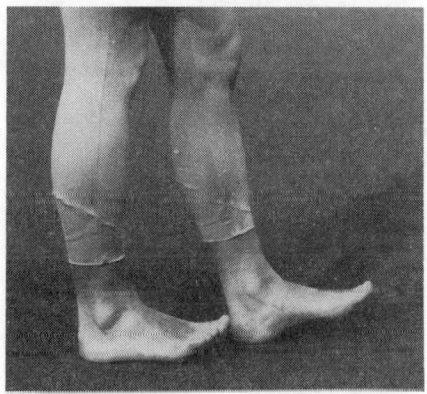

3. Gehen auf den Fersen, dabei
   die Zehen kräftig kopfwärts
   ziehen

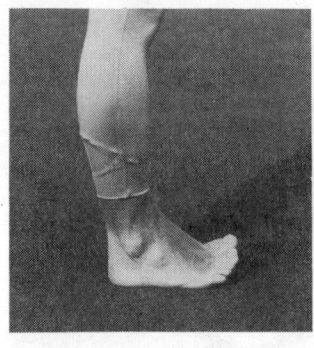 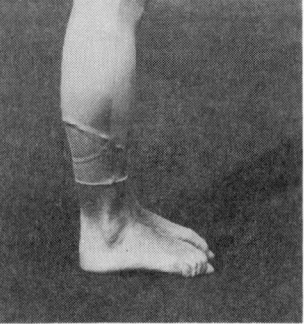

4. "Raupengang":
   Vorwärtsbewegung
   nur durch Strecken
   und Beugen der
   Zehen
   ("krallendes"
   Greifen der Zehen)

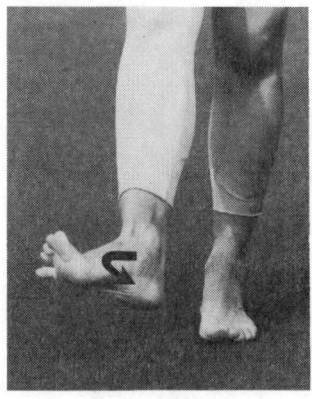 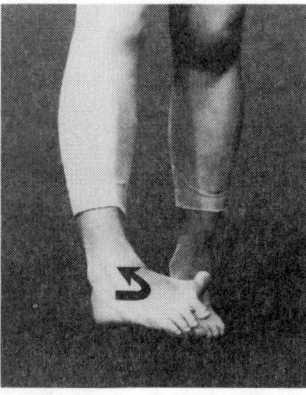

5. Kreisen der Füße
   mit gespreizten
   Zehen.
   Knie bleiben un-
   bewegt, d.h. die
   Bewegung kommt
   aus den Sprung-
   gelenken

6. Tiefe Hocke mit flach aufgesetzten Füßen. Wirkungsvolle Kräftigung der Schien-
   beinmuskulatur. Siehe Übung 4 des Basisprogrammes Muskeldehnung (Seite 48)

Nähere Ausführungen zu diesem Thema enthält der Aufsatz:

STEIN, N.: Nachwuchstraining im Sprint: Feststellung, Bewertung und gymnastische
Korrektur von Fußschwächen. In: Die Lehre der Leichtathletik 33 (1982), 2.

2.3 Koordinative Basisübungen ("Sprint-ABC")

Die koordinativen Basisübungen - auch unter dem Begriff "Sprint-ABC"
bekannt - dienen in der Leichtathletik der Schulung von Lauf- und
Absprungbewegungen. Das Sprint-ABC hat jedoch nicht nur für die
leichtathletischen Disziplinen einen hohen Übungswert, sondern auch
für alle Sportarten, in denen Lauf- und Sprungbewegungen eine zentrale Stellung einnehmen. So trägt beispielsweise eine solch simple
Übung wie der Hopserlauf bei technisch sauberer Ausführung generell
zur Verbesserung aller Absprungbewegungen bei. Der Hopserlauf besteht aus vielen aneinandergereihten Steigesprüngen, in denen alle
wesentlichen Merkmale einer Absprungbewegung enthalten sind (akti-
ves/reaktives Aufsetzen des Sprungbeines, vollständige Streckung im
Fuß-, Knie- und Hüftgelenk, Impulsübertragung durch richtigen Einsatz der Schwungelemente, Koordination zwischen Arm- und Beinarbeit,
aufrechte Absprungposition). Die meisten Übungen des Sprint-ABC
zielen auf eine Verbesserung der Lauftechnik, ihrer Schnellkoordi-
nation und damit auf die Erhöhung der Grundschnelligkeit. Eine hohe
Grundschnelligkeit wird aber nicht nur in leichtathletischen Disziplinen angestrebt, sondern auch in Sportspielen wie z.B. Fußball.
Die Basisübungen liefern hier einen wertvollen Beitrag zur Verbesserung der Koordination und der sportartspezifischen Leistungsfähigkeit. Leider sind diese Übungsformen noch weitgehend unbekannt
oder werden im Training nicht genügend berücksichtigt.

Das Sprint-ABC eignet sich sehr gut für den Abschluß des speziellen Aufwärmens und trägt im Anschluß an die Dehn- und Kräftigungsphase zu einer erneuten Aktivierung des Herz-Kreislaufsystems und
zum Aufbau einer optimalen Aktionsspannung in der Muskulatur bei.
Entsprechend dosiert können die koordinativen Basisübungen auch in
der Konditionsarbeit eingesetzt werden.

Bei allen Übungen des Sprint-ABC muß jedoch immer auf eine technisch einwandfreie Ausführung geachtet werden. Die Koordination
steht im Vordergrund, während die Erwärmung lediglich ein Neben-
produkt ist. In einem leichtathletisch ausgerichteten Training bildet das Sprint-ABC indes den direkten Übergang zum Hauptteil.

S P R I N T - A B C

Übung	Beobachtungsmerkmale	Fehler
1. **Fußgelenksarbeit** (normale/höchste/steigende Frequenz)	- geringer Kniehub mit aktivem Fußaufsatz in Richtung des Körperschwerpunktes (KSP)	- unzureichender/zu hoher Kniehub - mangelnde Streckung in den Beingelenken - hängende Fußspitze
2. Fußgelenksarbeit mit wechselseitigem hohem Kniehub	- erst Streckung, dann aktives Aufsetzen in den Vorderstütz - aktive Unterstützung durch koordinierte Armführung	- unzureichende Streckung in den Beingelenken - passives Aufsetzen in den Vorderstütz
3. **Skipping** a) (normale/höchste/steigende Frequenz) b) Übergang in den Lauf	- mittlerer Kniehub - aktives Aufsetzen des Ballens in Richtung des KSP - Streckung in den Bein- und Hüftgelenken	- mangelnde Streckung - veränderte Rumpfhaltung beim Übergang in den Lauf
4. Wechsel von Fußgelenksarbeit u. Skipping	- unmittelbarer Übergang	- unzureichende Koordination der einzelnen Bewegungen in den verschiedenen Phasen
5. **Kniehebelauf** (verschiedene Frequenzen) a) hoher Kniehub b) hoher Kniehub mit auspendelndem Unterschenkel	- Streckung - Körpervorlage - Armführung in Laufrichtung - aktives Aufsetzen in Richtung des KSP - Koordination zwischen Armen und Beinen ohne Verwringung des Rumpfes	- unzureichender Kniehub - mangelnde Streckung in den Knie-/Hüft-gelenken - passives Auspendeln u. Aufsetzen des Fußes
6. **Anfersen** a) (einseitig/wechselseitig) b) wechselseitig mit Übergang in den Lauf	- schnelles, aber lockeres Auspendeln - Oberschenkel leicht zurückführen - Arme in Laufrichtung	- hängende Fußspitze - passives Aufsetzen in den Vorderstütz - verkrampftes Anreißen der Fersen
7. **Hopserlauf** a) vertikale Bewegungsrichtung b) horizontale Bewegungsrichtung mit Übergang in den Lauf	- Streckung in den Bein- u. Hüftgelenken - koordinierte Unterstützung durch die Arme - aktives Aufsetzen in den Vorderstütz in Richtung des KSP	- mangelnde Streckung - unzureichender Einsatz der Schwungelemente - Anfersen des Schwungbeines
8. **Wechselsprünge** a) (vertikal/horizontal) b) mit Übergang in den Lauf	- Streckung der Hauptgelenke - aktiver Fußaufsatz - Arme in Fortbewegungsrichtung	- mangelnde Streckung - Passivität des Schwungbeines - unkoordinierter Übergang in den Lauf
9. **Laufsprünge** a) mit Frequenz b) mit Übergang in den Lauf	- Streckung und Führung vom Knie - aktives Aufsetzen des Schwungbeines in Richtung des KSP	- mangelnde Streckung im Hüft- u. Kniegelenk - passive Landung in den Vorderstütz - unkoordinierte Armführung

10. **Steigerungsläufe** (60-120 Meter, hohe Geschwindigkeit über 20-40 Meter, danach "austrudeln"), auch als Koordinationssteigerungen, d.h. das Tempo wird kontinuierlich gesteigert bis die Laufbewegung gerade noch gut kontrolliert und korrigiert werden kann. Dabei wird die Aufmerksamkeit auf ein bestimmtes Merkmal der Laufbewegung (z.B. Hüftstreckung, Kniehub oder aktiver Ballenaufsatz) gerichtet

Hinweis: Vergleiche auch Beschreibungen und Abbildungen im Abschnitt 1.1.1 (Laufgymnastik)

Grundsätzlich sollte beachtet werden, daß die angegebenen Übungen sehr hohe Anforderungen an das Zentralnervensystem stellen und daher schnell zu nervlicher Ermüdung führen. Dies kann dann allerdings für ein nachfolgendes Techniktraining von Nachteil sein.

Als Richtwert für die Dosierung gilt eine Auswahl von je drei Übungen des Sprint-ABC mit 2-4maliger Wiederholung über eine Strecke von 20-40 Metern.

Literaturhinweis:

1. Auszüge aus dem Rahmentrainingsplan "Sprint" für das Aufbautraining: Trainingsaufbau sowie Schnelligkeits- und Ausdauertraining des Sprinters. In: Lehre der Leichtathletik 38 (1987) 9/10, 414.

2. TEICHMANN, S./SACK, H.: Das Lauf-ABC zielgerichtet für die Schulung konditioneller und koordinativer Fähigkeiten einsetzen! In: Körpererziehung 36 (1986) 5, 207.

V   AUFWÄRMPROGRAMME FÜR EINZELNE SPORTARTEN

Oliver Maehl: Programme 1, 9 und 11
Olaf Höhnke : Programme 2 bis 8 und 10

1 LEICHTATHLETIK: TECHNIKTRAINING HÜRDENLAUF

Aufwärmprogramm für eine Trainingseinheit mit Jugendlichen (Vereinssport) oder Studenten (Fachausbildung Leichtathletik) mit dem Schwerpunkt Technikschulung Hürdenlauf

Grobgliederung: Allgemeines Aufwärmen
                1a. Traben (4-8 min)
                1b. Laufgymnastik (5 min)
                1c. Lockerungs- und Koordinationsübungen (3 min)

                Spezielles Aufwärmen
                2. Dehnübungen (ca. 5 min)
                3. Kräftigungsübungen (ca. 3 min)
                4. Sportartspezifische Koordinationsübungen (ca. 8 min)

1a. Ruhiges Traben (ca. 1 Kilometer)

1b. Laufgymnastik
(Nähere Beschreibung und Variationen siehe Seite 13ff)

Jeweils nach ca. 50 Metern wechselt die Bewegungsform oder es
wird eine Zusatzaufgabe gestellt:

- Traben (Ballenlauf, Fußspitzen in Laufrichtung)
- Traben mit zusätzlichem Armkreisen in verschiedenen Variationen
  (einarmig/beidarmig/vorwärts/rückwärts/gleichseitig/gegenseitig/
  gegenläufig)
- Im Traben mit den Händen den Boden berühren (mit beiden Händen
  über das vordere Bein greifen)
- Anfersen im Hürdenrhythmus (bei jedem vierten Schritt den
  linken/rechten Unterschenkel auspendeln lassen)
- Hopserlauf
- Hopserlauf mit Armkreisen (Arme eng am Körper vorbeiführen)
- Seitgalopp mit Armeinsatz, Arme kreuzen vor dem Körper und
  strecken sich zur Seite (Führungsschulter wechseln)
- Seitlauf mit hohem Kniehub (Führungsschulter wechseln)
- Traben mit schnellem Anheben eines Knies bis auf Beckenhöhe
  (im Hürdenrhythmus)
- Wie vorher, jedoch mit zusätzlichem Auspendeln des Unter-
  schenkels und aktivem Bodenfassen (auf den Ballen bleiben)

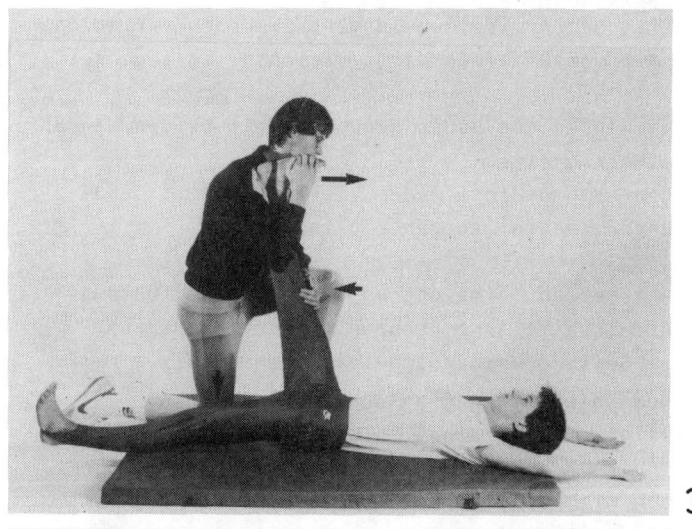

1

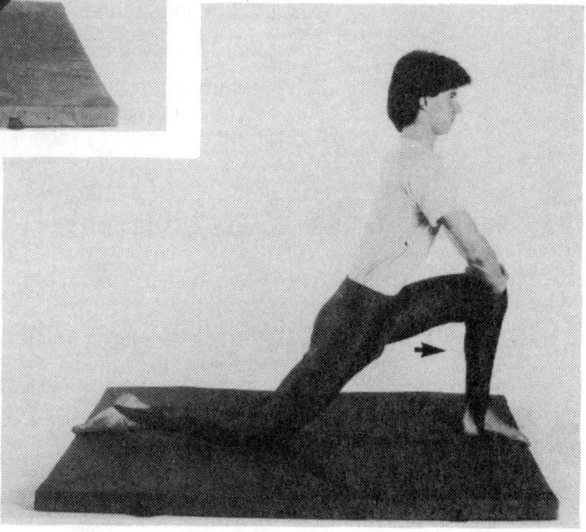

2

3

1c. Lockerungs- und Koordinationsübungen (siehe Seite 132/22/23/25)

- Locker auf der Stelle springen (einbeinig), dabei abwechselnd das linke und das rechte Bein "ausschütteln"
- Hampelmann
- Auf der Stelle hüpfen, linken Arm und rechtes Bein im Wechsel mit der Gegenseite seitlich "wegschleudern"
- Wie vorher, jedoch gleichseitig (linker Arm/linkes Bein, rechter Arm/rechtes Bein)
- Schlußsprünge aus den Fußgelenken, dabei das Becken um die Körper-längsachse verdrehen
- Wie vorher, jedoch mit Kniehub des "äußeren" Beines

2. Dehnübungen

Für den Aufwärmprozeß ist die Durchführung des Basisprogramms Muskel-dehnung (siehe Seite 47ff) ausreichend. Da der Hürdenlauf aber eine besonders gute Hüftbeweglichkeit erfordert, ist es empfehlenswert, zu ihrer Verbesserung zusätzliche Dehnprogramme durchzuführen.

Besteht die Möglichkeit, die Dehnübungen im Sitzen bzw. Liegen durch-zuführen, sollten die Übungen 5 bis 7 des Basisprogrammes durch die folgenden Übungen ersetzt werden:

Übung 1
Ausführung: Knie bewegen sich nach unten, die Lendenwirbelsäule wird auf-gerichtet
Aufmerksamkeit: Gerader Rücken, aufgerichtetes Becken
Hinweis: Die Knie können mit den Händen oder Ellenbogen vorsichtig nach unten gedrückt werden

Übung 2
Ausführung: Vergrößerung der Hüftstreckung des hinteren Beines durch Vor-schieben des vorderen Knies
Aufmerksamkeit: Hüftgelenk des hinteren Beines, kein Hohlkreuz
Hinweis: Um ein Vorkippen des Beckens (Hohlkreuz) zu vermeiden, muß diese Übung besonders kontrolliert ausgeführt werden (Anspannung der Bauchmuskeln)

Übung 3
Ausführung: Kniegelenke strecken, Fußspitzen "zur Nase" ziehen, der Partner fixiert mit einer Hand das Knie des angehobenen Beines, die an-dere Hand umschließt die Ferse und reguliert vorsichtig die Dehn-intensität
Aufmerksamkeit: Kniegelenke gestreckt halten, Fußspitzen anziehen und nicht seit-lich ausweichen, hintere Oberschenkelmuskulatur
Hinweis: Diese Übung erfordert vom Partner ein sehr gutes Einfühlungsver-mögen, eine zu schnelle und zu starke Dehnung kann zur Verletzung führen. Bei vorhandener Beweglichkeitseinschränkung (Winkel im Hüftgelenk unter 90 Grad) sollte diese Übung 2 bis 5 Minuten pro Seite ausgeführt werden. Der Partner kann durch einen Tor-pfosten, Türrahmen oder ähnliches ersetzt werden.

3. Kräftigungsübungen

Zur prophylaktischen Kräftigung sind die Übungen 1,4,7 (im Liegen)
oder 11,12 (im Stehen) des auf Seite 55ff vorgestellten Übungskata-
loges vorgesehen.

4. (Hürden-) Laufspezifische Koordinationsübungen
(Nähere Beschreibungen siehe Seite 14/15/68)

Jede Übung wird über eine Strecke von ca. 30 Metern durchgeführt,
anschließend ruhiges Zurückgehen:

  a) Fußgelenksarbeit (3 Wiederholungen)
  b) Kniehebeläufe (3 Wiederholungen)
  c) Koordinationssteigerungen über eine Strecke von 80 Metern.
     Steigerung der Laufgeschwindigkeit bis an das Tempo, bei dem
     die Laufbewegung gerade noch gut kontrolliert werden kann.
     Dabei wird die Aufmerksamkeit auf ein bestimmtes Merkmal der
     Bewegung gerichtet (z.B. aktiver Bodenaufsatz, Armarbeit oder
     Kniehub).

Herzfrequenzkurve (Interpretation siehe Seite 172)

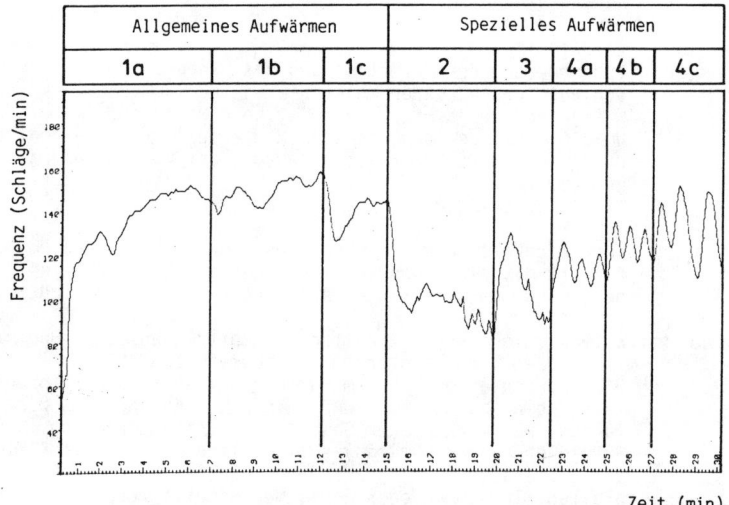

2 HANDBALL: PUNKTSPIELVORBEREITUNG

Aufwärmprogramm für eine Herren-Mannschaft mittlerer Spielstärke
vor einem Punktspiel

Grobgliederung: 1. Laufen/Laufgymnastik (5 min)
                2. Dehnübungen (7 min)
                3. Einspielformen (12 min)

1. Laufen/Laufgymnastik

Gelaufen wird in Längsrichtung des Feldes jeweils bis zur Mittellinie und zurück (= zwei Bahnen):

- 6 Bahnen langsames Traben; die Aufmerksamkeit gilt der eigenen Atmung
- 4 Bahnen Hopserlauf mit Schulterkreisen (vorwärts, rückwärts, versetzt)
- 2 Bahnen Seitgalopp (sidesteps) mit mehrmaligem Wechsel der Führungsschulter
- 4 Bahnen lockeres Traben
- 2 Bahnen Seitlaufen (Kreuzschritte), die Führungsschulter wieder wechseln
- 1 Bahn Hinlaufen vorwärts, 1 Bahn Zurücklaufen rückwärts
- 4 Bahnen Traben mit Ausweichbewegungen, Stopps und Antritten
- zweimal jeweils 1 Bahn leichter Steigerungslauf und 1 Bahn langsames Zurück-
  traben

2. Dehnübungen

Die Übungen 1 und 4 des Basisprogramms Muskeldehnung (siehe Seite
54/56) werden durch die folgenden Übungen ersetzt:

Ausführung: Hüfte vorschieben

Aufmerksamkeit: Brustmuskulatur

Hinweis: Durch Veränderung der
Griffhöhe können verschiedene
Anteile der Brust- und Schulter-
muskulatur gedehnt werden

Ausführung: Ellenbogen hinter
dem Kopf zur gegenüberliegenden Schulter ziehen

Aufmerksamkeit: Oberarm- und
Schultermuskulatur

Auf Kräftigungsübungen vor dem Wettkampf wurde verzichtet. Vor dem
Training werden die Übungen 3, 6 und 10 des Kräftigungsprogrammes
(siehe Seite 54/56/60) empfohlen.

3. Einspielformen

Fang- und Paßübungen (quer zur Halle)
Partnerweise werden verschiedene Fang- und Paßarten durchgeführt.
Dabei wird der Abstand zwischen den Übenden allmählich vergrößert.
Wichtig ist, daß der Ball immer in der Vorwärtsbewegung angenommen
und abgespielt wird.

Torwürfe
Der Torwart bestimmt zunächst die Wurfrichtung (z.B. abwechselnd
unten links und rechts). Es wird zunächst nicht mit vollem Krafteinsatz geworfen. Dann gibt der Torwart die Würfe frei, d.h. die
Spieler werfen "voll".
Variante: Der erste Torwart wird "warmgemacht", der zweite Torwart
macht die Spieler warm; sie dürfen bei ihm frei werfen.

Komplexübungen

Hier unterscheiden wir zwei Formen:

Zunächst läßt man den Ball im Angriff "durchlaufen", Würfe werden
nur angesetzt.

Danach folgen Komplexübungen mit eingeübten Ball- und Laufwegen
sowie Sprungwürfen (Rückraumspieler rechts und Außenspieler) bzw.
Fallwürfen (Kreis- und Außenspieler) gegen erwartete Deckungsfor-
mationen.

Beispiel:

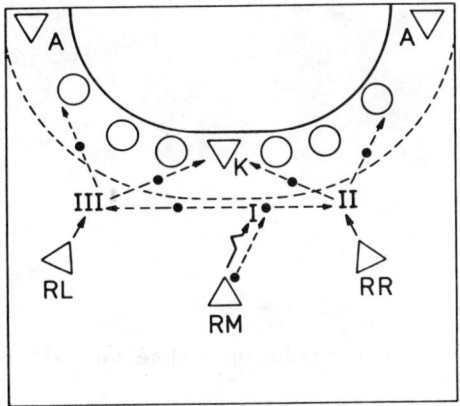

Zeichenerklärung:

A   Außenspieler

K   Kreisspieler

RR Rückraumspieler
    rechts

RM Rückraumspieler
    Mitte

RL Rückraumspieler
    links

RM führt den Ball und stößt zum Kreis. Er setzt zum Sprungwurf
an (I) und gibt ab auf RL oder RR, die ebenfalls zum Kreis stoßen.

RL bzw. RR werfen entweder selbst (II) oder geben an die Außen-
oder den Kreisspieler ab (III).

Ergeben sich keine Wurfmöglichkeiten, so wird der Ball unter Aus-
lassen des benachbarten Rückraumspielers direkt an RM zurückge-
spielt. Da RM sich wieder in der Vorwärtsbewegung befindet, können
die gleichen Ball- und Laufwege auf der anderen Seite gegengleich
durchgeführt werden. Die Außenspieler versuchen, auch den Kreisspieler einzusetzen.

Es ist wichtig, in dieser Phase Gelegenheiten zum Torabschluß kon-
sequent zu nutzen und Fallwürfe nicht nur anzudeuten, sondern auch
auszuführen, damit vergleichbare Situationen in den ersten Spiel-
minuten erfolgreich abgeschlossen werden können.

3 VOLLEYBALL: BREITENSPORT

Aufwärmprogramm für eine gemischte Hobbymannschaft zu Beginn ihrer
Spielzeit (Alter etwa Anfang Zwanzig bis Ende Vierzig)

Grobgliederung: 1. Partnerübungen ohne und mit Ball (8 min)
2. Dehnübungen (5 min)
3. Kräftigungsübungen (2-3 min)
4. Einspielformen (ca. 10 min)

1. Partnerübungen ohne und mit Ball

a) Samenkorn
Gemeinsame Übung: Langsames Aufrichten ("Samenkorn"). Alle Spieler
kauern zunächst am Boden (wie ein Samenkorn in der Erde), dann richtet sich jeder Spieler ganz langsam, Wirbel für Wirbel, auf und
streckt sich ganz aus ("der Sonne entgegenwachsen"). Anschließend
werden Arme und Beine ausgeschüttelt. Die Übung kann wiederholt werden.

b) Blindenhund
Der Hintermann legt die Hände auf die Schultern seines Partners
und schließt die Augen. Der Vordermann trabt vorsichtig kreuz und
quer so durch die Halle, daß der Hintermann jede Richtungsänderung
erspüren und mitmachen kann (siehe Abbildung). Nach ca. 45 Sekunden
Rollentausch.

c) Spiegelbild

Ein Partner führt beliebige "Trocken"-Bewegungen aus (Baggern, Abspringen, Blocken usw.), der andere versucht, sich ihm gegenüber genau spiegelbildlich zu bewegen. Nach ca. 30 Sekunden Rollentausch.

d) Ball-Kreislauf

Die beiden Partner A und B
stehen sich gegenüber und
rollen sich gleichzeitig
leicht versetzt je einen
Ball zu.

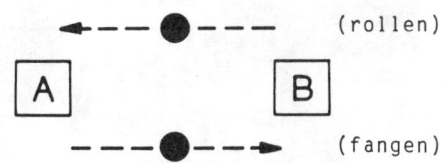

e) Ballstopp

Die beiden Partner A und B stehen sich gegenüber. A rollt B lang-
sam einen Ball zu. B versucht ihn zu stoppen, und zwar auf die
Weise, daß er in die Hocke geht und den Ball mit dem Gesäß (kurzes
Draufsetzen) stoppt.

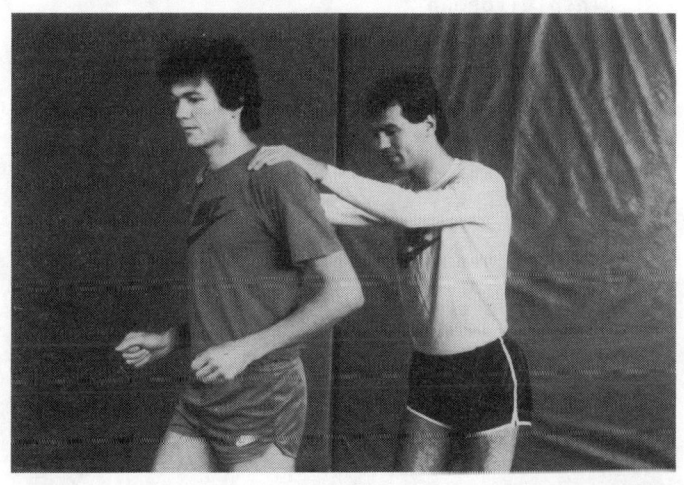

Blindenhund

2. Dehnübungen

Die Übung 4 des Basisprogramms Muskeldehnung (siehe Seite 48) wird durch die folgende Übung ersetzt:

Ausführung: Oberkörper nach hinten schieben

Aufmerksamkeit: innere Unterarmmuskulatur

Hinweis: Die Dehnung kann durch stärkeres Eindrehen der Hände intensiviert werden

3. Kräftigungsübungen

Übungen 3, 6 und 8 des Kräftigungsprogrammes (siehe Seite 54/56/58)

4. Einspielformen

a) Kontrastaufgaben (ca. 5 min)

Zwei Partner pritschen sich einen Ball zu und versuchen:
- zunächst nur "aus den Armen" zu spielen,
- dann nur "aus den Beinen" zu spielen,
- schließlich mit einer betonten Ganzkörperbewegung zu pritschen.

Die entsprechenden Kontrastaufgaben werden für das Baggern durchgeführt.

b) Aufgabe/Annahme

Die verbleibende Zeit der Aufwärmphase sollte für Aufgaben und Annahmen genutzt werden. Dabei ist darauf zu achten, daß dosiert begonnen wird (vergl. Aufwärmprogramm Tennis).

Werden Aufgabe und Annahme im Hauptteil der Übungszeit speziell
angesprochen, so kann anstelle dieser die folgende Übung in das
Aufwärmprogramm aufgenommen werden:

Einspielform mit Positionswechsel auf einer Seite

Spieler A und B pritschen
sich einen Ball zu, ebenso
Spieler C und D.
Dabei bleiben B und D auf
ihren Positionen, während
A und C nach jedem Ball-
kontakt ihre Positionen
tauschen.
Nach der Hälfte der Zeit
wechseln A/C mit B/D.
Statt zu pritschen können
die Spieler auch baggern.

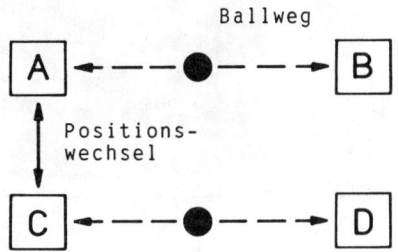

Herzfrequenzkurve (Interpretation siehe Seite 174)

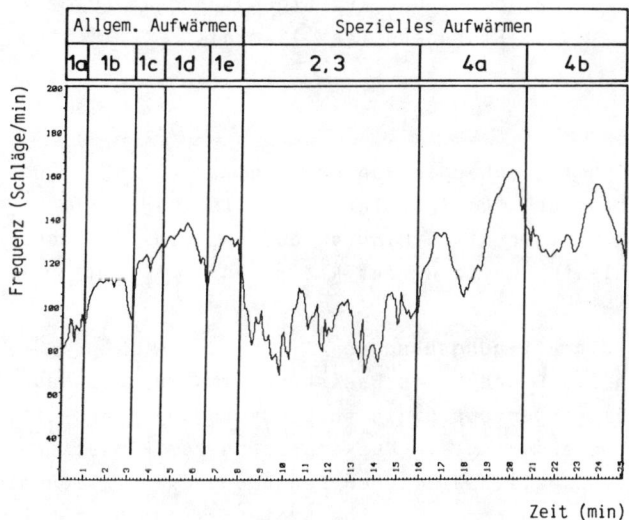

Zeit (min)

4 RUDERN: WETTKAMPFVORBEREITUNG

Aufwärmprogramm für einen Frauen-Einer zur Wettkampfvorbereitung
(z.B. auf Deutsche Meisterschaften)

Grobgliederung: 1. Einlaufen (ca. 5-7 min)
2. Dehn- und Kräftigungsübungen (8 min)
3. Einrudern (ca. 15 min)

1. Einlaufen
Das Einlaufen ist abhängig von den individuellen Voraussetzungen
und der Verfassung der Sportlerin, sollte aber bei mäßiger Intensität nicht weniger als 5 Minuten dauern. Eine ähnliche Wirkung
wie das Einlaufen hat z.B. das Radfahren.

2. Dehn- und Kräftigungsübungen
Die Übungen 3,5,6 und 7 des Basisprogramms Muskeldehnung (siehe
Seite 48/49) werden durch die folgenden Übungen ersetzt. Weil im
Rudersport besonders viele Muskelgruppen zum Einsatz kommen, wird
zugunsten von zwei zusätzlichen Dehnübungen lediglich die Übung 6
des Kräftigungsprogrammes (siehe Seite 56) durchgeführt.

Ausführung: Hüfte
vorschieben

Aufmerksamkeit: Hüft-
muskulatur, Unterschenkel-
muskulatur

Hinweis: Fußspitze zeigt
nach vorn, Ferse bleibt
auf dem Boden

Ausführung: Kniegelenk
strecken, Rumpf mit ge-
radem Rücken nach vorn
neigen

Aufmerksamkeit: Unter-
schenkelbeuger

Hinweis: Die Fußspitze
des Standbeines zeigt
nach vorn

Ausführung: Oberkörper
bei gestreckten Armen in
Richtung Boden absinken
lassen

Aufmerksamkeit: Brust-
muskulatur

Hinweis: Durch Verände-
rung der Griffbreite kön-
nen verschiedene Bereiche
der Brustmuskulatur ge-
dehnt werden

Ausführung: Ober-
körper nach hin-
ten schieben

Aufmerksamkeit:
innere Unter-
armmuskulatur

Hinweis: Die Deh-
nung kann durch
stärkeres Ein-
drehen der Hände
intensiviert wer-
den

Ausführung: Ellenbogen
zur gegenüberliegenden
Schulter ziehen

Aufmerksamkeit: Schulter-
gürtelmuskulatur

Ausführung: Handgelenk
nach unten abklappen
und mit der anderen
Hand fixieren, Ellen-
bogen langsam strecken

Aufmerksamkeit: äußere
Unterarmmuskulatur

Hinweis: Je stärker die
Beugung des fixierten
Handgelenkes, desto in-
tensiver die Wirkung der
Dehnung

3. **Einrudern**

a) **Schlagaufbau** über jeweils 10 Schläge (um die optimale Schlag-
länge zu erreichen)

- ohne Rollbahnnutzung, ohne Oberkörpereinsatz
- ohne Rollbahnnutzung, mit Oberkörpereinsatz
- 1/4 Rollbahnnutzung, mit Oberkörpereinsatz
- 1/2 Rollbahnnutzung, mit Oberkörpereinsatz
- 3/4 Rollbahnnutzung, mit Oberkörpereinsatz
- volle Rollbahnnutzung, mit Oberkörpereinsatz

b) **Lockeres Rudern** über eine Strecke von ca. 1 Kilometer

c) **Belastungswechsel**

- 20 Schläge mit submaximaler Intensität rudern,
  dabei die Aufmerksamkeit auf den Beinschub legen
- 20 bis 30 Schläge locker rudern, erholen
- 10 Schläge mit hoher Schlagzahl rudern (auf Tempo)
- 20 bis 30 Schläge locker rudern, erholen
- dreimal 5 Schläge maximal (maximale Geschwindigkeit
  und maximaler Krafteinsatz), zwischendurch jeweils
  5 Schläge locker rudern
- einen Start mit 10 Spurtschlägen ausführen

Um die im Mannschaftsboot erforderliche optimale Abstimmung ein-
zuspielen, können in den zweiten Übungsteil (Lockeres Rudern über
eine Strecke von ca. 1 Kilometer) folgende Koordinationsaufgaben
eingebaut werden:

- 10 Schläge mit betontem Anriß
  (schnelles gemeinsames Setzen)

- 10 Schläge mit einer Pause in der Vorführ- und Vorrollbewegung

- 10 Schläge mit betontem Mittelzug

- 10 Schläge mit "Pause"

- 10 Schläge mit betontem Endzug
  (schnelles gemeinsames Ausheben)

Herzfrequenzkurve (Interpretation siehe Seite 176)

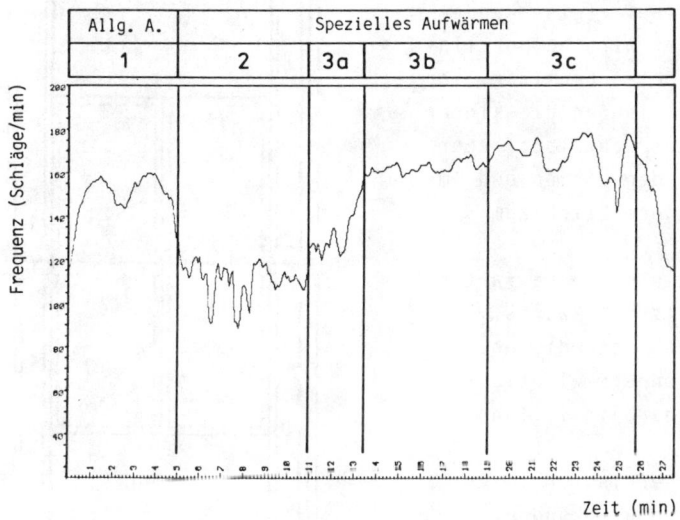

5 TENNIS: KINDERTRAINING

Aufwärmprogramm für eine gemischte Kindergruppe (6 bis 8 Kinder im Alter von 9 bis 12 Jahren, Fortgeschrittene). Das Aufwärmen bereitet auf eine Trainingseinheit mit den Schwerpunkten "Verbesserung der Ballsicherheit" und "Verbesserung konditioneller Eigenschaften" vor.

Grobgliederung: 1. Lauf- und Partnerspiele (6-8 min)
2. Dehnübungen (5 min)
3. Kräftigungsübungen (2-3 min)
4. Einspielformen (ca. 15 min)

1. Lauf- und Partnerspiele

"Linienlauf" (eine Runde)
Gestartet wird an der linken Doppel-Außenlinie. Von hier aus laufen die Kinder einmal um den Platz, aber nur auf den Linien und immer mit dem Blick zum Netz.
So wechseln die Laufarten (vorwärts, rückwärts, seitwärts) ständig ab, was besonders wichtig für die Beinarbeit im Tennis ist.
Die Kinder laufen im Abstand von 5 Sekunden, das Lauftempo soll langsam sein.

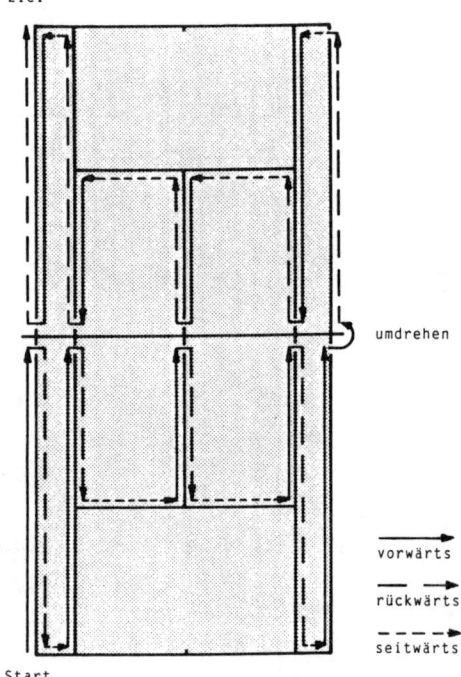

Ziel

umdrehen

→ vorwärts

— ⇢ rückwärts

- - - ⇢ seitwärts

Start

Schlangenlaufen (siehe Seite 37)
Gelaufen werden langsame Runden um den Platz, bis jeder die ganze
Gruppe ein- bis zweimal im Slalom überholt hat.

Schattenlaufen (Partnerübung)
Ein Partner läuft langsam kreuz und quer über den Platz, der andere
bildet seinen "Schatten". Er muß also immer an der rechten Seite
des Führenden (Schatten rechts) oder immer genau hinter ihm (Schatten hinten) bleiben. Nach etwa 30 Sekunden erfolgt der Rollentausch.
Achtung bei Drehungen!

Knietick (Partnerübung)
Die Partner fassen sich jeweils an einer Hand und versuchen, mit
der freien Hand das Knie des anderen zu berühren, selbst aber aus-
zuweichen.

2. Dehnübungen
Die Übungen 1 und 4 des Basisprogramms Muskeldehnung (siehe Seite
48) werden durch die folgenden Übungen ersetzt; Übung 7 läßt sich
gut an der Einzäunung des Spielfeldes ausführen.

Ausführung: Handgelenk
nach unten abklappen
und mit der anderen
Hand fixieren, Ellen-
bogen langsam strecken

Aufmerksamkeit: äußere
Unterarmmuskulatur

Hinweis: Je stärker die
Beugung des fixierten
Handgelenkes, desto in-
tensiver die Wirkung der
Dehnung

Ausführung: Arme greifen gestreckt nach hinten in den Maschendraht

Aufmerksamkeit: Brustmuskulatur

Hinweis: Die Dehnung kann durch einen engeren Griff verstärkt werden (auch als Partnerübung möglich)

Ausführung: Etwa schulterbreit in den Zaun greifen und den Oberkörper hängen lassen

Aufmerksamkeit: Brust- und Schultermuskulatur

Hinweis: Diese Übung dient besonders der Vorbereitung des Aufschlages und des Schmetterballes

3. Kräftigungsübungen

Übungen 11, 12 und 13 des Kräftigungsprogrammes (siehe Seite 62)

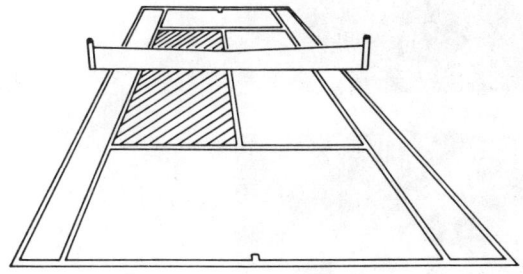

4. Einspielformen

Spiel im Aufschlagfeld

Zwei Kinder spielen in den beiden Aufschlag-feldern um Punkte.
Der Aufschlag darf nur "von unten" ausgeführt werden, ansonsten sind alle Schläge erlaubt.

Ballhalten im großen Feld

Zwei bis vier Kinder haben die Aufgabe, den Ball so oft wie möglich hin- und herzuspielen. Je nach ihrem Leistungsstand können Zusatz-aufgaben gestellt werden:
- Bei zwei Kindern kann eines bestimmte Zonen anspielen, das andere spielt ihm den Ball gut zurück,
- Bei vier Kindern könnte die Aufgabe lauten, nur mit dem "Cross"-Partner bzw. nur mit dem "Longline"-Partner zu spielen.

Aufschlag/Return

Beim Aufschlag sollte die Aufmerksamkeit zunächst nur (!) auf dem Rhythmus liegen und eine Steigerung in Härte und Präzision ganz allmählich erfolgen.
Aufschlag und Return sind im Tennis von besonderer Wichtigkeit, finden aber im Training oft noch zu wenig Berücksichtigung. Daher und weil der Aufschlag eines speziellen Einspielens bedarf, sollten Aufschlag/Return-Übungen in jedes Standard-Aufwärmprogramm aufgenommen werden. Der Übergang zum Hauptteil der Trainingseinheit kann dabei allerdings fließend sein.

6 BASKETBALL: PUNKTSPIELVORBEREITUNG

Aufwärmprogramm für eine spielstarke Damenmannschaft vor einem Punktspiel

Grobgliederung: 1. Allgemeines Erwärmen mit dem Ball (5 min)
                    2. Dehnübungen (7 min)
                    3. Einspielformen (18 min)

1. Allgemeines Erwärmen mit dem Ball

Einlaufen mit dem Ball von Grundlinie zu Grundlinie:
- vier Bahnen langsames Traben, dabei den Ball um die Hüfte kreisen lassen, dann langsames Dribbeln mit Handwechsel
- zwei Bahnen partnerweises Traben, wobei sich der Ball auf verschiedene Weisen zugepaßt wird
- zwei Bahnen Dribbeln mit Wechsel der Laufart: vorwärts, rückwärts, seitwärts - Stopps und Antritte, Ausweichbewegungen, leichte Sprünge

Partnerübungen mit Ball

- Zwei Spielerinnen passen sich einen Ball zu, wobei sie immer in Bewegung bleiben. (Immer dem Paß entgegengehen!) Der Abstand wird allmählich vergrößert.
- 1 gegen 1
  Die Verteidigerin bewegt sich rückwärts im tiefen Gleiten und versucht, der Angreiferin den Weg zu verstellen. (Jede ca. 30 Sekunden.)

2. Dehnübungen

Die Übungen 4 und 5 des Basisprogramms Muskeldehnung (siehe Seite 48/49) werden durch die folgenden Übungen ersetzt:

Ausführung: Füße zum Körper ziehen, Arme drücken die Knie in Richtung Boden

Aufmerksamkeit: Innenseite der Oberschenkel, gerader Rücken

Ausführung: Fingerspitzen langsam nach hinten ziehen

Aufmerksamkeit: innere Unterarmmuskulatur

Auf Kräftigungsübungen vor dem Wettkampf wurde verzichtet. Vor dem
Training werden die Übungen 3,6 und 10 des Kräftigungsprogrammes
(siehe Seite 54/56/60) empfohlen.

Einspielformen

Korbleger (ca. 4 min)
Diese Übung geht fließend in die nächste Übung "Abstoppen und
Schießen" über.

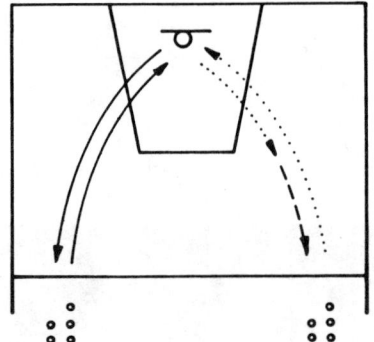

Zeichenerklärung:

———▶ Laufweg ohne Ball

········▶ Dribbeln

— — ▶ Paß

o o o Spielerinnen

Eine Spielerin dribbelt von der Mittellinie aus zum Korb und führt
einen Korbleger aus. Eine zweite Spielerin läuft gleichzeitig zum
Rebound (vom Brett zurückspringender Ball). Die beiden schließen
sich der jeweils anderen Gruppe an. Neben dem Standardkorbleger
sollte auch der Unterhandkorbleger ausgeführt werden (beide von
links und rechts).

Abstoppen und Schießen
Die Organisationsform ist die gleiche wie beim "Korbleger". Eine
Spielerin dribbelt bis zu ihrer jeweiligen Schußposition, stoppt
ab und wirft direkt. Eine Spielerin der anderen Gruppe übernimmt
den Rebound.

Positionsschießen (3 min)
Im Gegensatz zur vorherigen Übung erfolgt das Schießen nicht nach
einem Dribbling, sondern auf einen Paß hin. Die Spielerinnen postie-
ren sich dazu um die Zone herum auf ihrer jeweiligen Spielposition.
Als Rebounder und Paßgeber bietet sich der Center an, der auch im
Spiel unter dem Korb agiert.

Fastbreaklaufen (3 min)
Jeweils drei Spielerinnen bilden eine Fastbreakgruppe. Sie beginnen
an der Mittellinie im Abstand von etwa 3 Metern zueinander. Die
Spielerin in der Mitte paßt den Ball zu einer Außenspielerin. Jede
Spielerin läuft ihrem Paß hinterher.
Die Pässe erfolgen von nun an von einer Außenposition zur anderen.
Die Spielerin, die in Korbnähe einen Paß erhält, führt einen Korb-
leger aus.
Diese Übung kann auch mit einer Verteidigungsspielerin (3 gegen 1)
durchgeführt werden.

Spiel 5 gegen 5 (5 min)
Die fünf Spielerinnen, die das Spiel beginnen, treten gegen die Re-
serve an. Die Spielerinnen können ihre Nervosität ablegen und sich
in die Wettkampfatmosphäre "einfühlen".
(KOZOCSA (1985, 140) hält es für statistisch abgesichert, daß Mannschaften, die sich auf diese Weise eingespielt haben, vor allem am
Spielbeginn erfolgreicher abschneiden.)

Freiwürfe
Zum Abschluß des Aufwärmens (der Schiedsrichter pfeift 3 Minuten
vor Spielbeginn) werden Freiwürfe ausgeführt. In der letzten Minute (erneuter Pfiff) findet das sogenannte "Einschwören" (Schlachtruf) statt.

Die vermutete Spielweise der gegnerischen Mannschaft beeinflußt das
Aufwärmprogramm. Spielt der Gegner eine offensive Verteidigung, so
wird beim Aufwärmen besonderer Wert auf das mannschaftliche Zusam-
menspiel bzw. auf Angriffssysteme gelegt. Spielt die gegnerische
Mannschaft eine stark zum Korb orientierte Zonendeckung, so findet
beim Aufwärmen ein verstärktes Schußtraining statt.

7 FUSSBALL: JUGENDTRAINING

Aufwärmprogramm für eine männliche B-Jugend-Mannschaft (Alter 15 bis 16 Jahre) zur Vorbereitung auf ein Training mit dem Schwerpunkt Technikverbesserung (Paßspielverbesserung).
Das Aufwärmen soll von Beginn an mit dem Ball durchgeführt werden.

Grobgliederung: 1. Ballführung (5 min)
2. Partnerübungen (ca. 7 min)
3. Dehnübungen (5 min)
4. Kräftigungsübungen (ca. 2 min)
5. Spielformen (ca. 7 min)

1. Ballführung

Der Ball soll in ruhigem Tempo bei verschiedener Aufgabenstellung über die Breite des Platzes geführt werden:

- Zwei Bahnen freies Führen des Balles; dabei richtet sich die Aufmerksamkeit auf die eigene Atmung

- Der Ball wird jeweils eine Bahn mit der Innen- und Außenseite erst des linken, dann des rechten Fußes geführt (4 Bahnen)

- Der Ball wird eine Bahn abwechselnd mit den Innenseiten beider Füße geführt

- Der Ball wird unter ständigem Fußwechsel eine Bahn mit der Sohle geführt

- Der Ball wird eine Bahn unter ständigem Fußwechsel im Rückwärtslauf mit der Sohle geführt

2. Partnerübungen über die Breite des Spielfeldes

Ein Partner (A) läuft langsam in einem Abstand von etwa 5 Metern
zum anderen Partner (B) rückwärts vor diesem her. Nach jeweils einer Bahn erfolgt ein Rollentausch:

B wirft A den Ball zu. Der soll ihn stoppen, für B liegen lassen usw.

Das Stoppen erfolgt jeweils eine Bahn: - mit dem Kopf

                                        - mit den Knien

                                        - mit der Brust

B spielt A mit dem Fuß an. A soll den Ball je eine Bahn:
- stoppen und liegen lassen (mit dem rechten/linken Fuß)
- stoppen und zurückpassen (mit dem rechten/linken Fuß)

3. Dehnübungen

Die Übung 7 des Basisprogramms Muskeldehnung (siehe Seite 49) wird
durch die folgende Übung ersetzt:

Ausführung: Vorderes
Knie vorschieben

Aufmerksamkeit: vor-
dere Hüftmuskulatur,
kein Hohlkreuz!

Hinweis: Ausgleich
des Hohlkreuzes
durch Anspannen der
Bauchmuskulatur

4. Kräftigungsübungen

Übungen 8 und 12 (untenstehende Abbildung) des Kräftigungsprogrammes
(siehe Seite 58/62).

Ausführung: Das ge-
beugte Knie gegen den
Widerstand der Arme
nach unten drücken

Aufmerksamkeit: auf-
rechter Oberkörper
(kein Hohlkreuz),
Knie des Standbeines
durchdrücken

Hinweis: Wenn möglich,
mit dem Rücken an eine
Wand lehnen

5. Spielformen in Sechsergruppen

Flach-und-direkt-Spielen
Jeweils sechs Spieler traben auf begrenztem Raum möglichst "sinn-voll" durcheinander. Dabei passen sie sich einen Ball flach und direkt zu.

Doppelpässe
Wie vorstehende Spielform, jedoch werden jetzt Doppelpässe gespielt: Ein Dribbler spielt nacheinander mit drei Mitspielern Doppelpässe, dann wird der nächste Spieler zum Dribbler.

Nummernpassen
Die Spieler erhalten Nummern von 1 bis 6. Während alle langsam durcheinandertraben, ruft Spieler 1 den Spieler 2 auf und paßt ihm den Ball zu. Spieler 2 ruft Spieler 3 auf usw. (Spieler 6 paßt dann wieder zu Spieler 1).

Zur Erholung kann die erste Form (Flach-und-direkt-Spielen) nach der Doppelpaßübung wiederholt werden.

8 JUDO: JUGENDTRAINING

Aufwärmprogramm für eine gemischte Judogruppe (Alter der Teilnehmer
13 bis 17 Jahre, mittlerer Leistungsstand) zu Beginn einer Trainingseinheit mit verschiedenen Schwerpunkten

Grobgliederung: 1. Koordinationsgymnastik und Partner-
                   übungen (ca. 5 min)
                2. Dehnübungen (ca. 5 min)
                3. Kräftigungsübungen (ca. 2 min)
                4. Ganzkörper- und Fallübungen (ca. 8 min)
                5. Leichtes Randori (ca. 5 min)

1. Koordinationsgymnastik und Partnerübungen

a) Partnerübung zur Wahrnehmungs- und Gleichgwichtsschulung

Die Partner legen im Stand die Handflächen gegeneinander und schließen die Augen. Sie versuchen, durch vorsichtiges Schieben und Nach-
geben das Gleichgewicht des anderen zu erspüren bzw. ihn aus dem
Gleichgewicht zu bringen.

b) Leichtes Hüpfen auf der Stelle mit Zusatzaufgaben:

- vorwärts/rückwärts (beidbeinig)
- links/rechts (beidbeinig)
- Wedelhüpfen mit verschieden starkem Hüfteinsatz
- Schrittwechselhüpfen mit seitlichem, dann frontalem Armschwung
- Grätschhüpfen mit seitlichem (Hampelmann), dann frontalem Armschwung
- einbeiniges Hüpfen, dabei im Sprungrhythmus das freie Knie zur
  diagonalen Schulter bringen

c) Fußtick (Partnerübung)

Beide Partner versuchen, mit den Zehen die Füße des anderen zu be-
-rühren, sich selbst aber nicht treffen zu lassen.

2. Dehnübungen

Die Übungen 1,3,5 und 7 des Basisprogramms Muskeldehnung (siehe Seite 48/49) werden durch folgende Übungen ersetzt:

Ausführung: Vorderes Knie vorschieben

Aufmerksamkeit: vordere Hüftmuskulatur, kein Hohlkreuz!

Hinweis: Ausgleich des Hohlkreuzes durch Anspannen der Bauchmuskulatur

Ausführung: Der Partner vergrößert vorsichtig den Winkel des Hüftgelenkes

Aufmerksamkeit: hintere Oberschenkelmuskulatur

Hinweis: Hüfte bleibt am Boden, Fußspitzen anziehen, Kniegelenke strecken

Ausführung: Beine
passiv in die Grät-
sche sinken lassen

Aufmerksamkeit: Innen-
seite der Oberschenkel

Hinweis: Knie strecken,
Gesäß befindet sich an
der Wand

Ausführung: Der Partner
führt die gestreckten
Arme vorsichtig nach
hinten

Aufmerksamkeit: Brust-
muskulatur

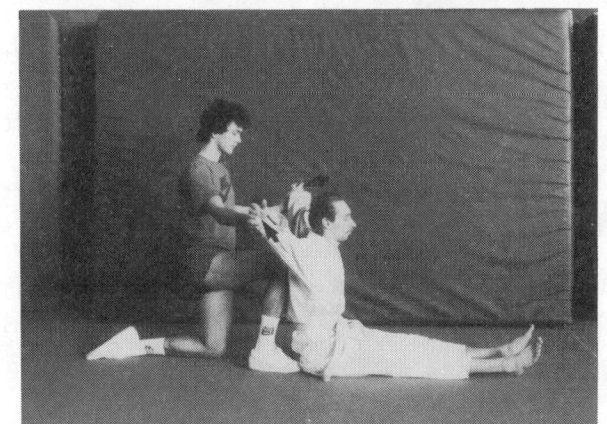

3. Kräftigungsübungen

Übungen 4,6 und 10 des Kräftigungsprogrammes (siehe Seite 56/60)

4. Ganzkörper- und Fallübungen

a) Ganzkörperübungen

- Rückenschaukel (Kniefassung)
- aus dem Kniesitz ohne Armhilfe rückwärts über den Bauch wälzen und wieder in die Ausgangslage zurückkehren
- aus dem Sitzen rückwärts über die rechte/linke Schulter abrollen und wieder in den Sitz kommen
- wie vor, aber mit gestreckten Beinen betont langsam auf dem Bauch landen
- Partnerübung: Ein Partner macht eine "Bank", der andere kriecht durch und klettert darüber
- Partnerübung: Ein Partner liegt auf dem Rücken, der andere auf seiner Brust. Der obere Partner soll den unteren nur durch Gewichtsverlagerung am Boden halten, also ohne die Arme zu benutzen

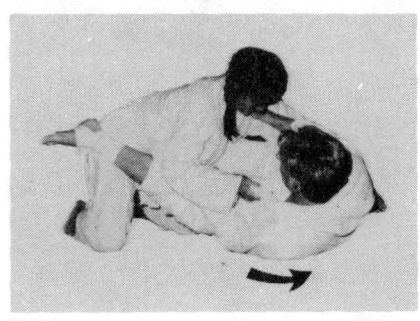

- Partnerübung: Einen Haltegriff einnehmen, z.B. YOKO SHIO GATAME. Der gehaltene Partner versucht, sich durch Rumpfeinsatz, d.h. ohne Beinabstützen, zu befreien. Der Haltende soll seine Arme möglichst wenig benutzen.

b) Fallübungen

- Fallen seitwärts (eine Bahn abwechselnd links und rechts)
- Judorolle vorwärts (je eine Bahn rechts und links)
- Kombination aus Rolle vorwärts und rückwärts (eine Bahn)

5. Leichtes Randori

Randori nennt man im Judo das freie Üben mit dem Partner, das gegenseitige Werfen, bei dem es nicht um den Sieg geht, sondern vor allem um die Verbesserung grundlegender technischer Fertigkeiten.

Herzfrequenzkurve (Interpretation siehe Seite 178)

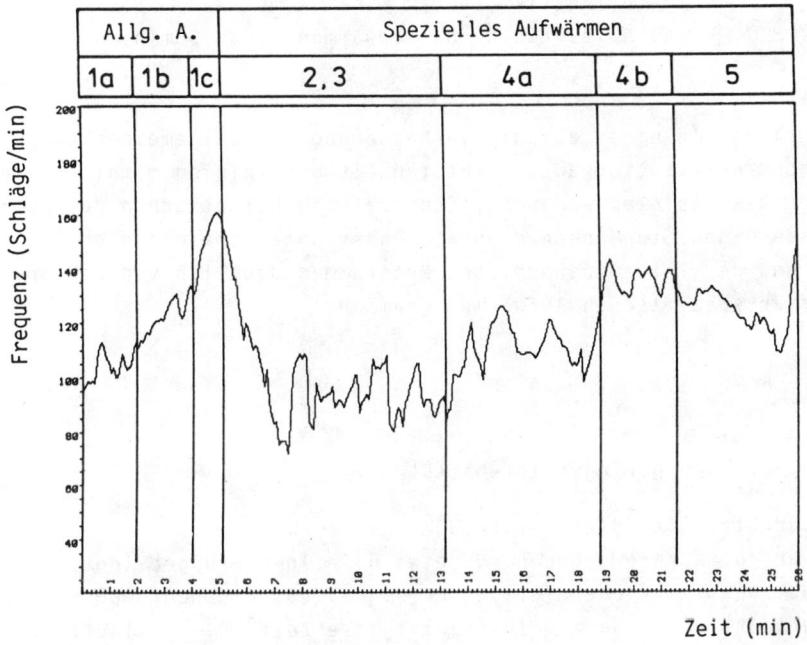

9 FITNESSTRAINING: BREITENSPORT

Aufwärmprogramm für eine Fitness-Sportgruppe (Betriebssport, Volkshochschule usw.) verschiedenen Alters, Leistungsstandes und Ge-
schlechts

Gestaltung der Übungseinheit:

A. Spielerisches und gymnastisches Aufwärmen (ca. 40 min)
B. Konditionstraining (Laufspiele, Circuittraining usw., ca. 30 min)
C. Spielerischer Stundenausklang, Lockerungsübungen

Grobgliederung der Aufwärmphase:

    1. Spiele von geringer Intensität (ca. 15 min)
    2. Laufexperimente (ca. 3 min)
    3. Gymnastik (ca. 20 min)
    4. Spielerische Nacherwärmung (ca. 3 min)

Anmerkung: In einem auf die Verbesserung der allgemeinen körperlichen Konstitution ausgerichteten Fitnesstraining mithilfe von
Gymnastik, Spielen und Konditionstraining bildet schon das Aufwärmen einen Stundenschwerpunkt. Daher unterscheiden sich die Struk-
tur und der Zeitaufwand dieses Programmes deutlich von den anderen
sportartspezifischen Aufwärmprogrammen.

1. Spiele von geringer Intensität

Zeitschätzläufe (siehe Seite 39)
Es werden mehrere Gruppen von etwa 6 Teilnehmern gebildet. In jeder
Gruppe bestimmt jeder Teilnehmer einmal das Gruppentempo (ruhiger
Dauerlauf) und schätzt gleichzeitig die Zeit. Die zu laufenden Zeit-
spannen betragen zwischen 30 Sekunden und 2 Minuten (reine Gesamt-
laufzeit ca. 5 Minuten). Für jede Mannschaft wird die jeweils zu
viel oder zu wenig gelaufene Zeit vom Spielleiter notiert und am

Balljagd

Schluß zusammengerechnet. Die Mannschaft mit der kleinsten Zeitabweichung hat gewonnen.

Balljagd (siehe Seite 40)
Alle Teilnehmer bilden einen Kreis (1 Meter Abstand voneinander,
Blick zur Mitte). Es sind eine gerade Anzahl von Spielern (mit oder
ohne Spielleiter) und zwei Bälle nötig. Richtung der Ballweitergabe
wechseln.

2. Laufexperimente (siehe Seite 20)
Alle Teilnehmer traben in ruhigem Tempo beliebig durch die Halle.
Sie erhalten verschiedene Aufmerksamkeits- und Bewegungsaufgaben
(Fuß-, Bein-, Arm-, Hand- und Rumpfexperimente).

3. Gymnastik

Koordinationsübungen/Hüpfen (siehe Seite 22/25)
- "Hampelmann" in verschiedenen Variationen (mit/ohne Armeinsatz,
  mit Drehung um die Körperlängsachse)

- Schrittwechselsprünge in den gleichen Variationen wie beim
  "Hampelmann"
- Hüpfen von einem Bein auf das andere Bein, dabei den gegenglei-
  chen/gleichseitigen Arm vom Körper wegstrecken

Übungen im Stand (siehe Seite 26/27/28/29/30)
- Aus der Rumpfbeuge den Körper langsam und kontinuierlich ("Wirbel
  für Wirbel") strecken und anschließend wieder zusammenfallen lassen
- Schulterbewegungen in den verschiedensten Variationen (vor/zurück/
  aufwärts/abwärts/kreisend: einseitig, gleichseitig, gegengleich)
- Achtenkreisen der Arme vor dem Körper (ohne/mit Beinarbeit, ohne/
  mit seitlicher Rumpfbeugung)
- "Große Körperwelle", d.h. Armkreisen mit gleichzeitiger Hoch-Tiefbewegung des Rumpfes
- Arme in Nackenhalte, Knie langsam an die Ellenbogen bringen
- Einbeiniger Stand, mit dem freien Fuß die Zahlen von eins bis
  zehn "schreiben"; Standbeinwechsel

Partnerübungen (siehe Seite 33/34)
- Ein- und Aussteigen (Handfassung, Übersteigen der Arme, Drehung
  um die Körperlängsachse, Aussteigen, Loslassen), 2mal linksherum
  drehen, 2mal rechtsherum drehen
- Aus dem Hocksitz (Rücken an Rücken mit eingehakten Armen) durch
  Strecken der gebeugten Beine gemeinsam aufstehen und anschließend
  wieder gemeinsam hinsetzen
- Im Langsitz die Fußflächen gegeneinanderpressen und gemeinsam
  Radfahrbewegungen ausführen

Dehnübungen
Da in der hier beschriebenen Übungsstunde keine sportartspezifischen
Beweglichkeitsanforderungen gestellt werden, kann auf das auf den
Seiten 47ff beschriebene Basisprogramm Muskeldehnung zurückgegriffen
werden. Dieses Programm ist auf die allgemein zur Verkürzung neigen-
den Muskelgruppen ausgerichtet.

Kräftigungsübungen für die Rumpfmuskulatur (siehe Seite 58/55/60)
- Vierfüßlerstand, rechten Arm und linkes Bein langsam strecken und anschließend gebeugt unter den Körper bringen. Unbedingt auf kontrollierte und saubere Ausführung achten! Jede Seite 5 Wiederholungen
- Rückenlage, stark gebeugte und aufgestellte Beine, Füße fest am Boden, Hände an die Ohren, langsam "aufrollen", halten und langsam wieder "abrollen"
- Vierfüßlerstand rücklings, Becken auf Kniehöhe anheben, Knie abwechselnd nach links und nach rechts bewegen, Becken dabei nicht absinken lassen

4. Spielerische Nacherwärmung

Parteibänder- oder Pferdeschwanzrauben (siehe Seite 41)
3 bis 4 Fänger, jeder erhält ein Parteiband: Wer hat nach 3 Minuten die meisten Parteibänder?

Herzfrequenzkurve (Interpretation siehe Seite 180)

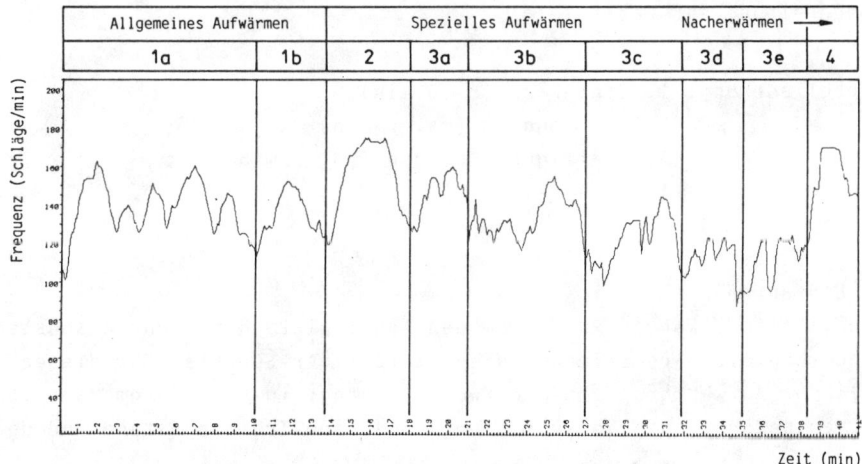

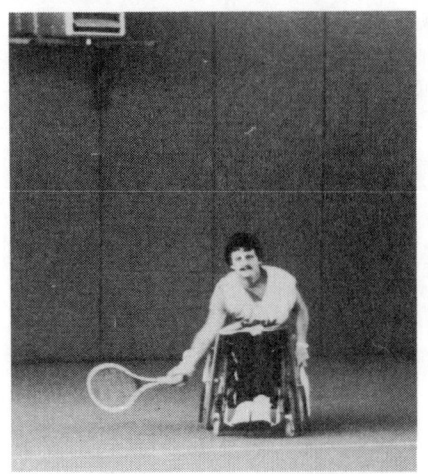 

10 ROLLSTUHLSPORT: WETTKAMPFVORBEREITUNG ROLLSTUHLTENNIS

Aufwärmprogramm für Rollstuhltennisspieler der Leistungsebene zur
Vorbereitung auf Wettspiele

Grobgliederung: 1. Einfahren (5-10 min)
2. Dehnübungen (ca. 5 min)
3. Kräftigungsübungen (ca. 2 min)
4. Einspielen

1. Einfahren

Wenn möglich, werden Runden um den Tennisplatz gefahren, ansonsten
eine vergleichbare Strecke. Wieviel Zeit der Sportler für diesen
Teil des Aufwärmprogrammes aufwendet, hängt in besonderem Maße von
seinen persönlichen Voraussetzungen, seinem Trainingsstand und der

psychischen Verfassung ab. Die Übungszeit sollte aber mindestens 5 Minuten betragen. Werden Runden um den Tennisplatz gefahren, so ist es wichtig, nicht nur in einer Richtung, sondern links- und rechtsherum zu fahren, da die äußere Körperseite des Sportlers höher belastet wird als die innere Körperseite. Die Intensität sollte nicht zu hoch sein und auch nur langsam gesteigert werden.

2. Dehnübungen

Ausführung: Den Oberkörper auf die Oberschenkel legen, die Hände hinter dem Rücken falten und die Arme nach oben drücken

Aufmerksamkeit: Schulter- und Oberarmmuskulatur

Hinweis: Die Handflächen können zusätzlich nach oben gedreht werden

Ausführung: Die rechte Hand fixiert den linken Reifen, die linke Hand greift hinter dem Körper in den rechten Reifen

Aufmerksamkeit: Brustmuskulatur

Hinweis: Oberkörper aufrichten, kein Hohlkreuz!

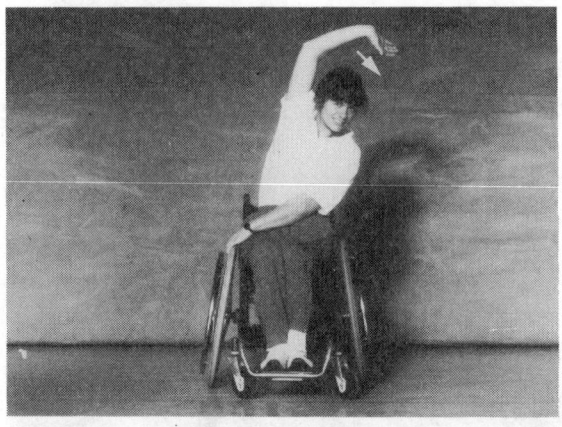

Ausführung: Die linke
Hand fixiert den rechten
Reifen; den rechten Arm
über den Kopf führen und
den Oberkörper nach links
neigen

Aufmerksamkeit: seitliche
Rumpfmuskulatur

Hinweis: Kein Ausweichen
nach vorn!

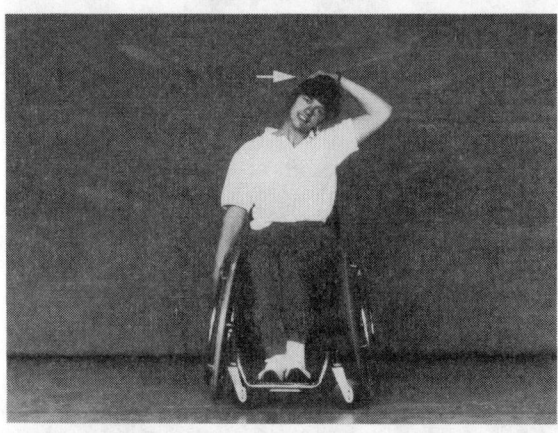

Ausführung: Die rechte
Hand greift in die Spei-
chen, die linke Hand
zieht vorsichtig den
Kopf nach links

Aufmerksamkeit: Schulter-
muskulatur

Hinweis: Mit der rechten
Hand zusätzlich einen
leichten Zug ausüben

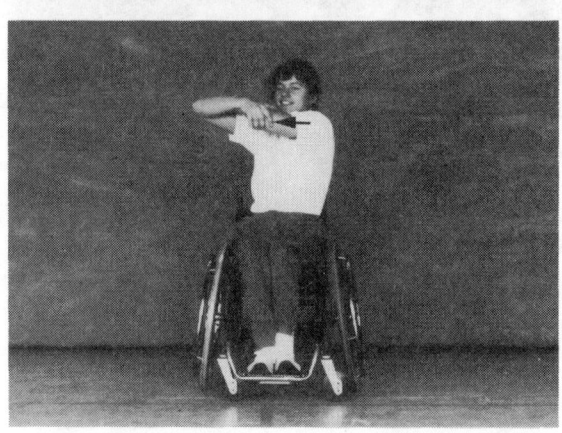

Ausführung: Ellenbogen
zur gegenüberliegenden
Schulter ziehen

Aufmerksamkeit: Schulter-
gürtelmuskulatur

Ausführung: Fingerspitzen
langsam nach hinten ziehen

Aufmerksamkeit: innere
Unterarmmuskulatur

Hinweis: Für die besondere
Belastung des schnellen
Startens und Stoppens ist
eine gute Vorbereitung der
Armmuskulatur wichtig

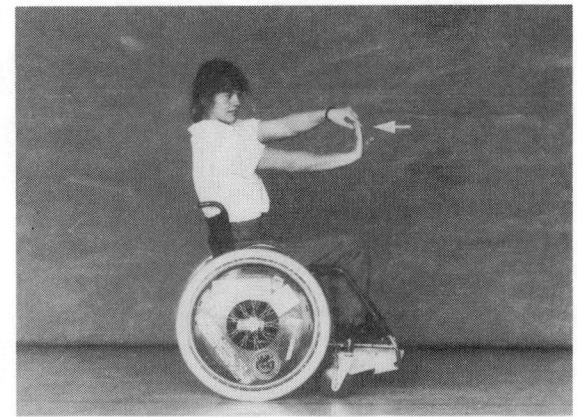

Ausführung: Abgeklapptes
Handgelenk mit der freien
Hand fixieren und Ellen-
bogen vorsichtig strecken

Aufmerksamkeit: äußere
Unterarmmuskulatur

3. Kräftigungsübungen

Die folgenden drei Übungen zur ausgleichenden Kräftigung sind in
erster Linie für ein Aufwärmen vor dem Training gedacht und sollten
jeweils dreimal durchgeführt werden. Vor Wettkämpfen sind diese
Übungen nicht erforderlich.

Ausführung: Den Oberkörper auf die Oberschenkel legen und die gestreckten Arme abwechselnd anheben

Aufmerksamkeit: Rückenmuskulatur

Hinweis: Rücken strecken, Arme nur aus den Schultern heraus anheben; die Finger zeigen nach oben

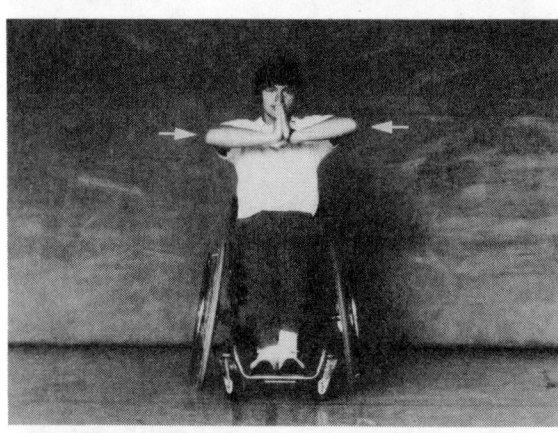

Ausführung: Handflächen 5 bis 7 Sekunden lang in Schulterhöhe gegeneinanderpressen

Aufmerksamkeit: Arm-, Schulter- und Brustmuskulatur

Hinweis: Gleichmäßigen Atemrhythmus beibehalten!

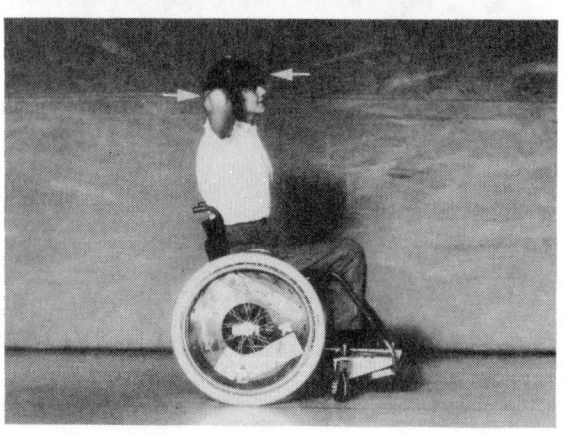

Ausführung: Den Kopf gegen den Widerstand der Hände 3 bis 5 Sekunden lang nach hinten drücken

Aufmerksamkeit: Nackenmuskulatur

Hinweis: Gleichmäßigen Atemrhythmus beibehalten!

4. Einspielen

Unter normalen Turnierbedingungen wird den Sportlern nicht mehr als 5 Minuten Einspielzeit zugestanden. Hinzu kommt, daß das Einspielen mit dem künftigen Gegner fast ritualisiert und sehr statisch abläuft. (Bei "Fußgängern" ist das nicht viel anders.)

Meiner Ansicht nach genügt diese Form nicht den Ansprüchen, die man an eine Einspielphase stellen sollte. Es wäre hingegen günstig, so rechtzeitig mit dem Aufwärmen zu beginnen, daß über die angesprochenen 5 Minuten hinaus ein Einspielen auf einem (wenn möglich) freien Platz durchgeführt werden kann. In dieser Einspielphase sollten am besten mit dem Trainer oder jemandem, der Zuspielfunktion übernimmt, gezielt die wichtigsten Elemente des Wettkampfes durchgespielt werden.

Beispiel für eine Einspielphase (ca. 15 min):

- Der Trainer/Partner spielt die Bälle zu und gibt vor, wie geschlagen werden soll (longline, cross, kurz, lang, bestimmte Schlagarten usw.). (5 min)

- Der Trainer spielt jetzt verschieden plazierte Bälle, der Spieler wird dadurch zum schnellen Starten und Abstoppen gezwungen. (2 min)

- Entsprechend der vermuteten Spielweise des Gegners werden spezielle Spielsituationen durchgespielt (z.B. Situationen am Netz oder hohe Grundlinienballwechsel). (3 min)

- Die verbleibende Zeit wird für Aufschläge und Returns genutzt. Es können abschließend auch Punkte ausgespielt werden. (mindestens 5 min)

11 GANZKÖRPERGYMNASTIK

In komplexen Sportarten wie dem leichtathletischen Mehrkampf hängt
der Erfolg in großem Maße von der ökonomischen Gestaltung des Trai-
ningsprozesses ab. Hier kommt es darauf an, mehrere verschiedene
konditionelle und koordinative Trainingsreize in einer einzigen
Trainingseinheit sinnvoll und zeitsparend miteinander zu kombinieren. Damit werden Aufwärmprogramme erforderlich, die möglichst
schon einen Teil der Trainingsschwerpunkte abdecken. Das allgemeine
Aufwärmen mittels Einlaufen hat in dieser Hinsicht den Nachteil,
daß es lediglich der Aktivierung des Herz-Kreislaufsystems und der
Erhöhung der Körperkerntemperatur dient, während Dauer und Intensität des Einlaufens in der Regel nicht ausreichen, um einen wirksamen
Beitrag zur Verbesserung der allgemeinen Ausdauer zu leisten. Das
Einlaufen kostet in diesem Fall wertvolle Trainingszeit, die effek-
tiver genutzt werden könnte. Zudem sind auch Fälle denkbar, in denen zwangsweise auf andere Formen des Aufwärmens zurückgegriffen
werden muß, weil ohnehin keine Gelegenheiten zum Einlaufen bestehen
(z.B. ungünstige Lage eines Kraftraumes oder eines Fitness-Studios).

Auf diesen Überlegungen basiert ein von Prof. A. KLÜMPER ausgearbei-
tetes und von H. KEYDEL (Bundestrainerin Mehrkampf) auf die Praxis
zugeschnittenes Ganzkörpergymnastikprogramm (siehe Literaturhinweis
am Ende dieses Abschnitts). Es eignet sich zur Gestaltung einer
Aufwärmphase, in der gleichzeitig trainingsvorbereitende, allgemein-
bildende und prophylaktische Aufgaben erfüllt werden. Obwohl die
hier vorgestellte Ganzkörpergymnastik speziell für den leichtathletischen Mehrkampf entwickelt wurde - und in diesem Bereich zu positiven Ergebnissen geführt hat -, läßt sie sich ebensogut in anderen
Bereichen sinnvoll einsetzen.

Die physiologischen Vorteile dieses Programmes bestehen in einer
systematischen Durcharbeitung und Durchblutungssteigerung des gesamten Körpers. Eine gezielte Übungsauswahl trägt zur Dehnung und
Kräftigung der im Training vernachlässigten Muskelgruppen und damit
zur Beseitigung von muskulären Dysbalancen bei.

Viele Übungen sind außerdem auf die Entwicklung einer "gesunden"
Wirbelsäulenstatik ausgerichtet und bieten somit einen wirksamen

GRUNDSTELLUNG

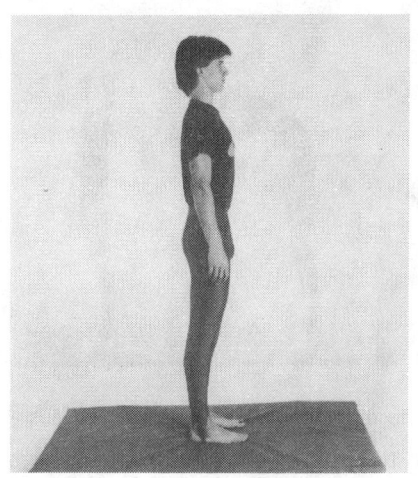 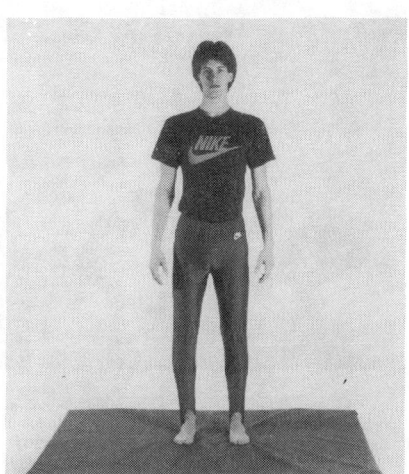

Beitrag zum Schutz vor Verletzungen. Das wiederholte Üben einer physiologischen Körperhaltung (beispielsweise durch eine bewußte Beckenaufrichtung) dient gleichzeitig der Vorbereitung auf die Bewegungsabläufe im Hanteltraining.

Das folgende Übungsprogramm ist so angelegt, daß es für die Aufwärmarbeit vor einem **Krafttraining** eingesetzt werden kann. Das Programm besteht aus 19 Übungen, die ununterbrochen nacheinander ausgeführt eine Zeit von etwa 15 bis 20 Minuten in Anspruch nehmen. Sie stammen zum größten Teil aus dem oben erwähnten Ganzkörpergymnastikprogramm. Bei allen diesen Übungen ist auf eine langsame, exakte und intensive Bewegungsausführung zu achten. Besonders die Übungen 1 und 2 erfordern eine unbedingte Beachtung der Grundstellung (schulterbreite Fußstellung, Belastung der ganzen Fußsohle, Knie zeigen über die Fußspitzen, Ausgleich einer überbetonten Lendenlordose durch Anspannung der Bauch- und Gesäßmuskulatur). Im Anschluß an dieses Übungsprogramm sollte ein Einarbeiten in die entsprechenden Kraftübungen erfolgen.

Übungsbeschreibung Ganzkörpergymnastik

Übung 1: Aus der Grundstellung in die Rumpfbeuge (gebeugte Knie) gehen und aus
dieser Stellung den Rumpf von der Lendenwirbelsäule bis zur Hals-
wirbelsäule "Wirbel für Wirbel" aufrichten.
Endstellung: Gestreckter Körper (Anspannung der Bauch- und Gesäßmuskulatur, kein Hohlkreuz), die Handflächen zeigen nach oben. Anschließend entspannt zusammenfallen und erneut langsam aufrichten (3-5 Wiederholungen)

Übung 2: Rumpfbeuge mit gestreckten Kniegelenken, die Hände umfassen in schul-
terbreitem Abstand einen Gymnastikstab (oder dergl.). Oberkörper wie
in Übung 1 aufrichten und anschließend soweit wie möglich das Gesäß
senken. Fußsohlen bleiben am Boden. Nach dem Aufrichten beginnt die
Übung erneut mit einer Rumpfbeuge (3-5 Wiederholungen)

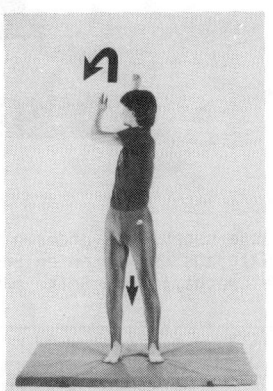

Übung 3: Grundstellung, Arme kreisen in einer "Acht" vor dem Körper, der
Schwung wird allmählich und langsam steigernd auf den ganzen Körper
übertragen (Beinarbeit!), Oberkörper bleibt aufrecht, der Kopf folgt
der Bewegung (45-60 Sekunden)

Übung 4: Aus der Tiefstartposition beide Beine strecken (Fersen auf den Boden
drücken), die Hände bleiben voll belastet. Mehrere Wiederholungen, danach Beinwechsel (pro Seite 5 Wiederholungen)

Übung 5: Ausfallschritt, die Hände neben dem vorderen Bein aufsetzen und das hintere Bein mehrere Male aus der leichten Beugung strecken (Knie- und Hüftstreckung). Beinwechsel (pro Seite 5 Wiederholungen)

Übung 6: Vierfüßlerstand, Oberarme und Oberschenkel stehen senkrecht, das Gewicht wird gleichmäßig auf Arme und Beine verteilt. Kontrollierter Wechsel ("Wirbel für Wirbel") zwischen den Positionen "Hohlkreuz" und "Katzenbuckel" (3-5 Wiederholungen)

Übung 7: Vierfüßlerstand, Knie zum Kopf ziehen (runder Rücken). Aus dieser Posi- tion das gebeugte Bein und den gegenüberliegenden Arm strecken. Fuß- sohle und Handfläche schieben dabei einen gedachten Gegenstand weg (Fingerspitzen nach oben, Zehen nach unten), Blick zum Boden, Arme, Beine, Schultern und Becken bleiben in einer Ebene (pro Seite 3-5 Wie- derholungen)

Übung 8: Kniestand, Beine hüftbreit auseinander, Arme völlig strecken, Daumen
zeigen nach oben, Nase knapp über dem Boden. Wechselseitiges Anheben
und Senken der gestreckten Arme. Kopf und Rücken unten halten und kein
Hohlkreuz bilden (30-60 Sekunden)

Übung 9: Aus Übung 8 in den Fersensitz gehen und die Hände 3mal für ca. 5 Sekunden gegen den Boden drücken (Ellenbogen strecken)

Übung 10: Kombination aus Übung 8 und Übung 9 (mehrmaliger Wechsel)

Übung 11: Bauchlage, Arme und Beine strecken, Daumen nach oben, Zehen zum Körper
ziehen. Hände und Füße "trommeln" im Wechsel diagonal auf den Boden,
Becken und Brust bleiben auf der Unterlage (10-30 Sekunden)

Übung 12: Rückenlage, Knie gebeugt, Beine hüftbreit auseinander, die Fußsohlen
drücken fest auf den Boden, Fingerspitzen an die Ohren, Ellenbogen
bleiben während des Übungsablaufes auf Höhe der Ohren. Oberkörper
"Wirbel für Wirbel" auf- und abrollen. Wichtig: langsame und kontrollierte Ausführung (4-8 Wiederholungen)

Übung 13: Rückenlage, Oberkörper auf den Händen abstützen, durch Anheben des
Beckens Gesamtkörperspannung einnehmen. Der Körper bildet zusammen
mit dem Kopf eine Gerade. Spannung 15-20 Sekunden halten (3 Wiederholungen)

Übung 14: Ausgangsposition siehe Abbildung, Oberkörper anheben bis sich Kopf
und Rücken parallel zum Boden befinden (nicht über die Horizontale anheben, kein Hohlkreuz und keinen Rundrücken bilden), Ellenbogen anheben, Schulterblätter zusammenpressen, Gesäß so weit vorschieben, daß
das Gleichgewicht gerade noch gehalten werden kann, 4-6 Sekunden halten, langsam senken (4-6 Wiederholungen)

Übung 15: Vierfüßlerstand rücklings, Becken bis auf Kniehöhe anheben, Knie schieben abwechselnd langsam nach links und nach rechts (pro Seite 3-5 Wiederholungen)

Übung 16: Wie Übung 15, jedoch bewegen sich die Knie und damit der Oberkörper langsam und kontrolliert vor und zurück (3-5mal vor- und zurückschieben)

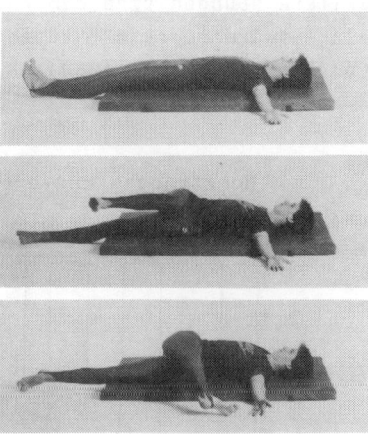

Übung 17. Rückenlage, Arme sind seitlich vom Körper weggestreckt, rechten/linken Fuß mit angezogenen Zehen zur gegenüberliegenden Hand führen, gegengleich wiederholen, Schulter und gestrecktes Bein bleiben fest am Boden liegen (pro Seite 5 Wiederholungen)

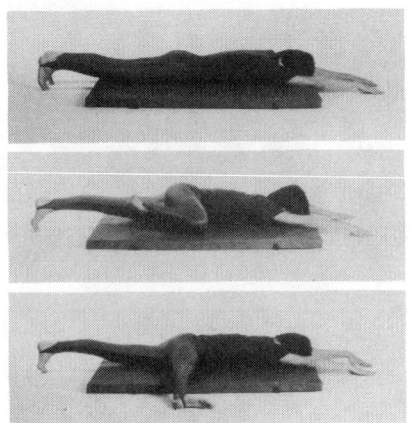

Übung 18: Bauchlage, rechtes/linkes Bein mit hochgezogenen Zehen langsam anheben und seitlich ablegen, zwischen beiden Beinen entsteht ein rechter Winkel. Schultern bleiben am Boden (pro Seite 3-6 Wiederholungen)

Übung 19: Zur Aktivierung des Herz-Kreislaufsystems abschließend Übung 3 wiederholen

Weitere Übungen sind dem Aufsatz von H. KEYDEL: "Ganzkörpergymnastik als Aufwärmprogramm?" zu entnehmen; veröffentlicht in: Lehre der Leichtathletik 31 (1980), 8.

Herzfrequenzkurve (Interpretation siehe Seite 182)

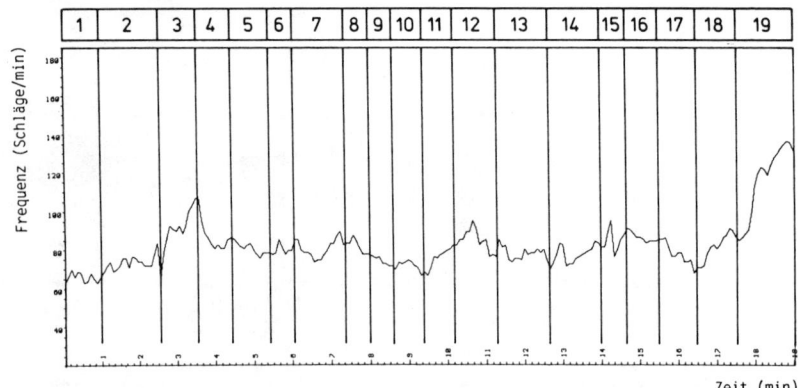

Zeit (min)

VI   ABWÄRMEN - COOL-DOWN
(Oliver Maehl)

Im Wettkampfsport zählt die spezielle Gestaltung des Trainingsausklangs - das Abwärmen - zu den Trainingsteilen, denen eine große Bedeutung zukommt. Im Breitensport hingegen sind aktive Erholungsmaßnahmen zum Abschluß des Trainings noch weitgehend unbekannt. Vielen unerfahrenen Sportlern ist die Notwendigkeit einer aktiven Erholung im ersten Moment logisch nicht verständlich, da sie vom Körper eine selbsttätige Erholung erwarten. Natürlich ist der Organismus so eingerichtet, daß er sich auch ohne spezielle Maßnahmen regeneriert, jedoch wird der sportliche Trainingsprozeß in entscheidendem Maße durch die Dauer der benötigten Erholungszeit beeinflußt. Je kürzer die Regenerationszeit, desto eher ist der Körper wieder leistungsbereit und kann im erholten Zustand erneut belastet werden. Die Erholungszeiten sind von der Intensität des Trainings, der Art der Belastung (siehe Kasten) und den konditionellen Voraussetzungen des Sportlers abhängig. Spezielle Regenerationsmaßnahmen wie die gezielte Nachbereitung der Trainingsbelastung, das sogenannte Cool-Down, können hier zu einer Verkürzung der Erholungszeit beitragen.

Leichtes Schnelligkeitstraining	12 h
Intensives Schnelligkeitstraining Leichtes anaerobes Ausdauertraining Leichtes aerobes Ausdauertraining	24 h
Intensives anaerobes Ausdauertraining Schweres aerobes Ausdauertraining Leichtes Krafttraining	48 h
Schweres Krafttraining	72-96 h

Regenerationszeiten nach verschiedenen Belastungsformen (vergl. TISSOT, 1982, 709)

Anmerkung: Die hier angegebenen Regenerationszeiten geben lediglich einen groben Überblick, da sie individuell sehr verschieden sein können.

Durch ein systematisches Abwärmen nach dem Training werden im wesentlichen folgende Ziele erreicht:

- beschleunigter Abbau von Stoffwechselendprodukten (Lactat)
- Entspannung der Muskulatur durch Verringerung eines er-
  müdungsbedingten erhöhten Muskeltonus
- psychische Entspannung

Aufgrund dieser positiven Auswirkungen sollte in keiner Sportart
auf ein Abwärmprogramm verzichtet werden. Besonders Sportler, die
noch kein zielgerichtetes Abwärmen am Ende ihres Trainings durchgeführt haben, können durch eine Verkürzung ihrer Regenerationszeit
eine merkliche Leistungssteigerung erfahren. Dazu ist jedoch ein ge-
wisser Gewöhnungsprozeß zu durchlaufen, wozu es besonders nach einem
anstrengenden Training oder Wettkampf einiger Überwindung bedarf.
Aber gerade bei starker Erschöpfung zeigt sich der Wert des Abwärmens
sehr deutlich in einer spürbaren Verbesserung des allgemeinen Wohlbefindens.

Der Aufbau eines Abwärmprogrammes sollte folgendermaßen gestaltet
werden:

1. Dynamische Ganzkörperbewegungen niedriger Intensität für den
   Abbau von Stoffwechselendprodukten (Ausschwimmen, Auslaufen)

2. Gymnastische Übungen zur Beseitigung von Muskelverspannungen
   (Permanente Dehnübungen)

3. Lockerungsübungen (nur notwendig nach sehr anstrengenden
   Belastungen)

Das Abwärmen beginnt mit dynamischen Ganzkörperbewegungen von geringer Intensität über einen Zeitraum von 10 bis 20 Minuten. Gängige
Formen der Trainingsnachbereitung sind das Auslaufen, Ausschwimmen,
Ausrudern usw. Durch eine erneute Kapillarisierung wird eine Aus-
schwemmung der Stoffwechselschlacken erreicht. Dies ist besonders
wichtig nach Trainingseinheiten, in denen vermehrt anaerobe Stoff-
wechselendprodukte angefallen sind. Hier bietet sich das langsame
Laufen als effektive Form der Ganzkörperbewegung an. Nach Möglichkeit sollte ohne Schuhe und auf weichen Boden gelaufen werden.
Neueren sportmedizinischen Erkenntnissen zufolge sollte der Trai-

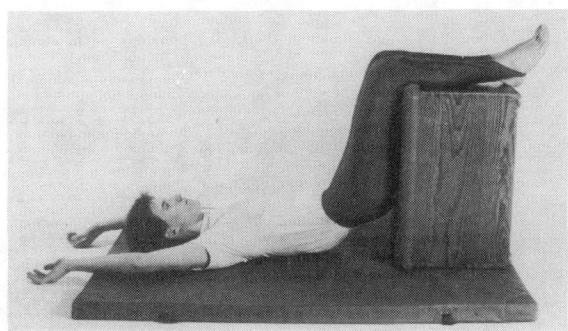

Extensionslagerung zur Beschleunigung der Flüssig-
keitsaufnahme der Zwischenwirbelscheiben (Bandscheiben) nach hoher Belastung
der Lendenwirbelsäule

ningsausklang zur Entlastung und Regeneration der belasteten Strukturen jedoch möglichst sportunspezifisch gestaltet werden. Daher
wird es beispielsweise nicht als zweckmäßig angesehen, sich nach
langen Ausdauertrainingseinheiten in zyklischen Sportarten wie Rudern oder Laufen noch zusätzlich "auszurudern" oder "auszulaufen".
Dies kann zu einer Überlastung des ohnehin schon stark beanspruchten Binde- und Stützgewebes führen. In diesen Fällen müßte das Abwärmen mittels Bewegungen anderer Strukturierung erfolgen, so daß
es gleichzeitig zu einer Schonung und Durchblutung bzw. Durchsaftung
der vorher hochbelasteten Strukturen beiträgt. Nach Trainingseinheiten, in denen die Wirbelsäule einer hohen Belastung ausgesetzt war
(z.B. Sprungkrafttraining, Training mit Gewichten in aufrechter
Körperhaltung, lange Dauerläufe, Rudern) kann durch Einnahme einer
Extensionslagerung (siehe Abbildung) eine beschleunigte Flüssigkeits-
aufnahme der Zwischenwirbelscheiben (Bandscheiben) und damit eine
Verkürzung der Regenerationszeit erreicht werden. Diese Lagerung eignet sich ebenfalls für Serienpausen während eines Krafttrainings.
Die Entlastung der Wirbelsäule wird ebenfalls gezielt durch Rücken-
schwimmen (nach Möglichkeit mit Flossen) erreicht (vergl. BRENKE/
DIETRICH/BERTHOLD 1986, 57-59). Ohnehin stellt das Ausschwimmen eine der schonendsten und wirksamsten Regenerationsmechanismen dar.
Leider kann diese Form des Abwärmens in der Regel nur selten durchgeführt werden und bildet daher eine Ausnahme.

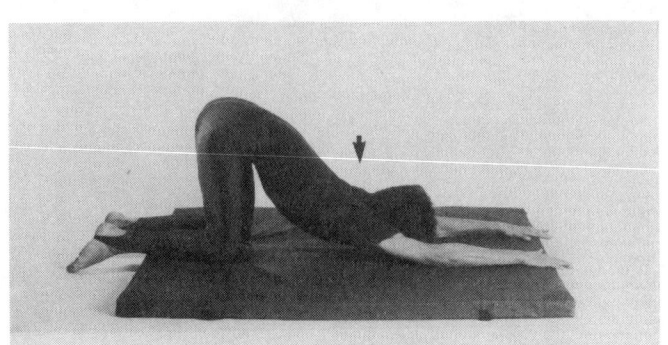

1

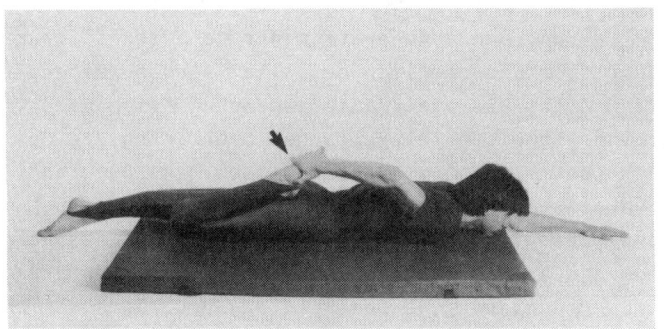

2

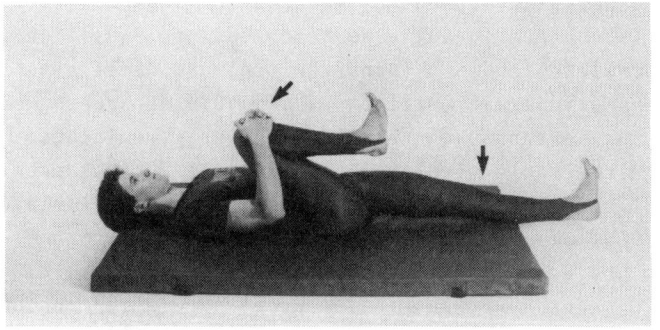

3

Bewegungsspiele (z.B. Ballspiele) dienen der psychischen Regeneration und führen zu einer positiven Einstellung der Aktiven zu Ende des Trainings. Hier sollte man jedoch speziell bei intensiven Spielen (z.B. Basketball oder Hallenfußball) und bei starker Ermüdung der Sportler eine mögliche Gefahr der Verletzung nicht vergessen!

Dehnübungen

Eine zentrale Stellung und einen hohen Wert im Abwärmprozeß haben die abschließenden gymnastischen Übungen. Hier tragen besonders permanente Dehnübungen zur Entspannung der verhärteten Muskulatur bei. Völlige Entspannung wird am besten durch Übungen im Liegen erreicht. In diesem Sinne eignen sich speziell die Übungen 1 bis 6 zur Trainingsnachbereitung.

Übung 1
Ausführung: Arme und Wirbelsäule sind gestreckt, so daß eine schiefe Ebene
                  ("Rutsche") entsteht. Die Brust wird in Richtung Boden gedrückt
Aufmerksamkeit: Arme (besonders die Ellenbogen) völlig strecken

Übung 2
Ausführung: Ferse des gebeugten Beines wird gegen das Gesäß gezogen
Aufmerksamkeit: Oberschenkel, Unterschenkel und Fuß bilden eine senkrechte
                  Ebene
Hinweis: Bei instabilen Fußgelenken (überdehnten Bändern) sollte die
                  Hand um das Fußgelenk greifen

Übung 3
Ausführung: Die Arme ziehen das Knie des gebeugten Beines zur Brust, beide
                  Fußspitzen werden in Richtung Kopf hochgezogen und das Knie des
                  gestreckten Beines durchgedrückt
Aufmerksamkeit: Fußspitzen, Knie des gestreckten Beines

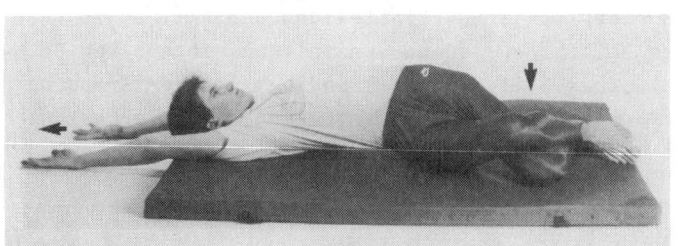

4

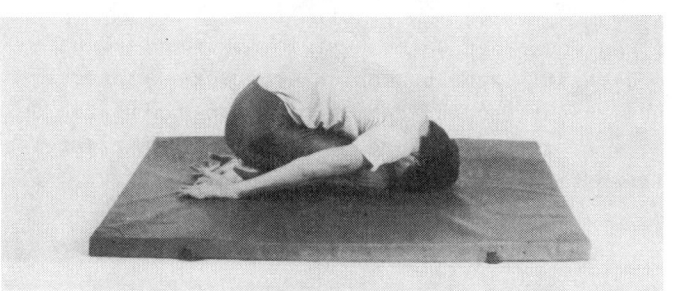

5

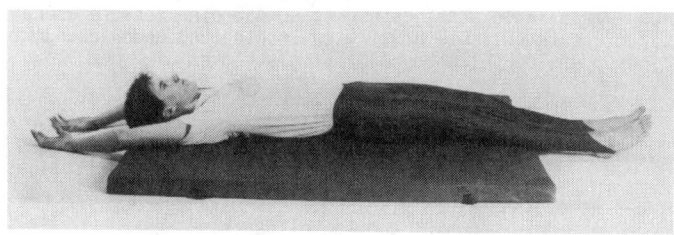

6

Übung 4
Ausführung: In der Rückenlage (angewinkelte Knie) beide Beine übereinander-
                 schlagen und zur Seite fallen lassen
Aufmerksamkeit: Gesamte gedehnte Körperseite
Hinweis: Schultern bleiben am Boden

Übung 5
Ausführung: Ruhig atmen, völlig entspannen und "kleinmachen"
Aufmerksamkeit: Verspannte Bereiche der Rückenmuskulatur

Übung 6
Ausführung: Durchstrecken ("Recken") des ganzen Körpers. Fuß- und Finger-
                 spitzen entfernen sich möglichst weit voneinander
Aufmerksamkeit: Atmung
Hinweis: Diese Übung eignet sich besonders gut als Abschluß eines Dehn-
                 programmes. Dehndauer ca. 3mal 10 Sekunden

Lockerungsübungen

Lockerungsübungen führen ebenfalls zu einer kurzfristigen Entspannung der Muskulatur. Sie begünstigen die Entkrampfung stark tonisierter Muskeln und sollten die Entmüdungsphase im Anschluß an das Stretchingprogramm beenden. Lockerungsübungen können zudem auch in einer Belastungspause während eines Krafttrainings, zur Vorbereitung der Muskulatur auf nachfolgende Dehnübungen, aber auch zwischen einzelnen Dehnübungen eingesetzt werden.

1. Einzelübungen

a) Rumpfbeuge vorwärts, Arme hängen entspannt nach unten, Pendeln und Schütteln der Handgelenke, Arme und Schultern (Lockerung der Arme/Schulterpartie)

b) Einbeiniger Stand (eventuell mit leichtem Hüpfen), Hände in die Hüften gestützt, leicht seitwärts abgespreiztes Bein, Pendeln und Schütteln des hängenden Beines (Lockerung der gesamten Beinmuskulatur)

c) Sitzposition, Oberkörper wird von den Händen nach hinten abgestützt, Beine sind angewinkelt, Füße auf dem Boden, Knie werden vorsichtig seitlich hin und her bewegt, so daß die Muskulatur hin- und herschaukelt (Lockerung der Ober- und Unterschenkel)

d) Bauchlage, Unterschenkel senkrecht, Füße werden seitlich hin und her bewegt (Auflockerung der Wadenmuskulatur)

e) "Kerze", Schütteln und entspanntes "Sackenlassen" der Beine (Lockerung der gesamten Beinmuskulatur)

f) Hocksitz, Arme umschlingen die Kniegelenke und ziehen die Beine an die Brust, rückwärts bis zur Brustwirbelsäule und zurück in die Ausgangsstellung rollen, enge Fassung bleibt (Entspannung der Rückenmuskulatur). (Nur auf weichem Untergrund, z.B. Matte, durchführbar.)

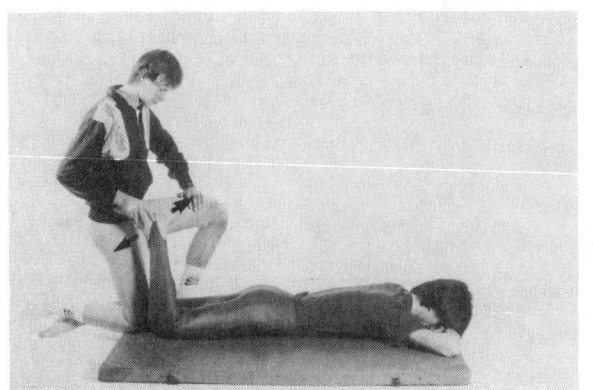

a

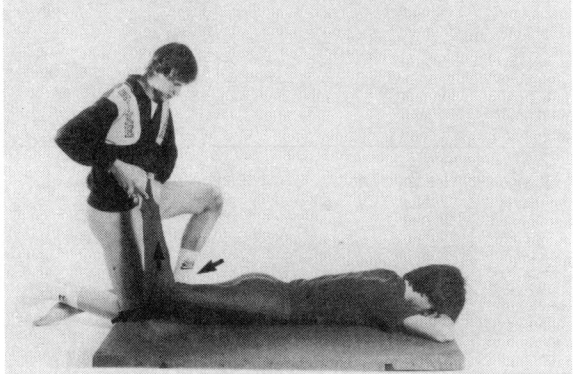

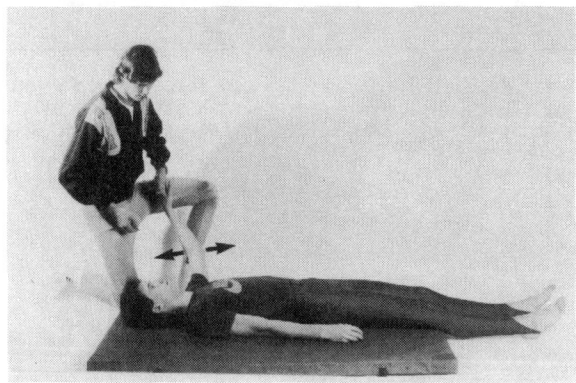

b

2. Partnerübungen

a) Der Übende liegt auf dem Bauch, ein möglichst entspannter Unterschenkel wird vom Partner an der Ferse angehoben und der Fuß seitlich hin und her bewegt bis die Wadenmuskulatur sichtbar hin- und herschaukelt, danach wird der Fuß vom Partner so weit hochgezogen, daß der Oberschenkel leicht vom Boden abgehoben ist. Das gesamte Bein wird dann hin- und hergeschaukelt, bis die Muskulatur sichtbar locker geworden ist und der Oberschenkel sich im Hüftgelenk frei hin und her bewegen läßt. (Hinweis: In der Regel dauert es beim Ungeübten einige Zeit, bis sich eine vollständige Entspannung einstellt.) Nach Beendigung der Übung legt der Partner das Bein vorsichtig wieder auf den Boden ab, so daß die Entspannung noch einige Zeit anhalten kann.

b) Rückenlage, der Partner faßt eine Hand des Liegenden (Handfassung wie zum Gruß) und zieht den Arm leicht schräg nach oben. Der gesamte Arm wird nun mit leichtem Zug hin- und hergeschaukelt, wobei die Zugrichtung variiert. Nach vollständiger Entspannung (auch in den Schultergelenken) wird der Arm wieder vorsichtig abgelegt.

Diese beiden Partnerübungen eignen sich wegen ihrer hohen tonusmindernden Wirkung nicht für das Aufwärmen, sondern sind nur in der Trainingsnachbereitung einzusetzen!

Literaturhinweise:

BRENKE, H./DIETRICH, L./BERTHOLD, F.: Trainingsmethodische Hinweise zur Vermeidung von Schäden am Stütz- und Bewegungsapparat. In: Theorie und Praxis der Körperkultur 35 (1986), 1, S. 56

BLUM, B.: Regeneration: Optimale Erholung nach dem Training und Wettkampf. Oberhaching 1986.

KNEBEL, K.P.: Funktionsgymnastik. Reinbek bei Hamburg 1985.

VII THEORETISCHE GRUNDLAGEN
   (Olaf Höhnke)

Warum wärmt man sich überhaupt auf? Ist dieses zum Teil fast ri-
tuelle Geschehen, das man bei Sportlern vor einer Belastung, also
vor dem Training oder vor Wettkämpfen beobachten kann, überhaupt
sinnvoll oder ist es mehr ein Festhalten an Traditionen? Schützt
das Aufwärmen vor Verletzungen, ermöglicht es dem Sportler, bessere
Leistungen zu erzielen?

Die in der Literatur auf diese Fragen zu findenden Antworten gehen
auseinander - zudem sind auch viele Einzelaspekte des Aufwärmens
erkenntnistheoretisch noch nicht völlig geklärt.

So kann die Frage, ob man sich durch "richtiges" Aufwärmen besser
vor Verletzungen schützt, nur mit einem "wahrscheinlich" beantwor-
tet werden. Gesichert sind bestimmte physiologische Auswirkungen
des Aufwärmens als Folge der Temperaturerhöhung im Körper. Gesichert
ist auch die Möglichkeit der Einflußnahme auf den Grad der psychischen Erregung. Sie ist umso größer, je mehr der Sportler an sie
glaubt.

Wenn es also doch sinnvoll ist, sich vor einer Belastung aufzuwärmen: wie sollte man dann dabei vorgehen?

Um dem Leser die Möglichkeit zu geben, sich selbst ein Bild von den
Vorgängen und Wirkungen zu machen, die mit dem Aufwärmen zusammen-
hängen (und die im Kapitel V gegebenen Programmbeispiele für sich
zu modifizieren), wurde im folgenden Teil versucht, die theoretischen Grundlagen des Aufwärmens - soweit möglich - darzustellen.

1 ARTEN DES AUFWÄRMENS

Es gibt viele Möglichkeiten, sich aufzuwärmen. Zur näheren Beschreibung der Arten bzw. Methoden finden wir mehrere Einteilungen:

Man unterscheidet ein **allgemeines** von einem **speziellen** und ein **aktives** von einem **passiven** Aufwärmen. Dabei wird in der Literatur entweder generell von "Arten" des Aufwärmens oder im Falle der Aktiv/Passiv-Unterscheidung von "Methoden" gesprochen.

Neben diesen Arten gibt es das **mentale** Aufwärmen und natürlich noch diverse Kombinationen.

Allgemeines Aufwärmen: Das allgemeine Aufwärmen erfolgt durch aktive Bewegungen großer Muskelgruppen, die den sportartspezifischen Bewegungsabläufen nicht unbedingt entsprechen müssen.

Ziele des allgemeinen Aufwärmens sind die Steigerung der Körperkerntemperatur und die psychische Einstimmung des Sportlers auf das bevorstehende Ereignis.

Das allgemeine Aufwärmen sollte mit geringer Intensität durchgeführt werden (langsame Läufe, Ganzkörpergymnastik usw.).

Spezielles Aufwärmen: Ziel des speziellen Aufwärmens ist die psychophysische Vorbereitung des Sportlers auf die besonderen Anforderungen seiner Disziplin, besonders auch im Hinblick auf die Koordination.

Dazu werden Bewegungen ausgeführt, die mit den sportartspezifischen Bewegungsabläufen identisch oder ihnen ähnlich sind. Es handelt sich dabei um spezielle Dehn- und Kräftigungsübungen mit anschließender disziplinspezifischer Einstimmung (Einschlagen, Einwerfen, Einspielen, Einrudern o.ä.) (vergl. Kapitel III).

Im Gegensatz zu KNEBEL (1985, 70), der anstelle der allgemeinen und speziellen lediglich von "funktioneller" Erwärmung spricht, halten wir die Einteilung in allgemeines und spezielles Aufwärmen für notwendig und sinnvoll.

Während KNEBEL das allgemeine mit "unspezifischem" und "unfunktionellem" Aufwärmen gleichsetzt, sehen wir im Hinblick auf die obige Zielsetzung eine Funktionalität des allgemeinen Aufwärmens durchaus als gegeben an. Sie widerspricht auch nicht einem allgemeinen Charakter, denn eine gegebene Übung kann für verschiedene Sportarten sehr wohl eine funktionelle Bedeutung haben.

So ist es beispielsweise auch vor einem Krafttraining wichtig, die Körperkerntemperatur zu erhöhen, um die Muskeltemperatur der benötigten Region zu stabilisieren (vergl. dazu DE MAREES, 1979, 336).

Dem **aktiven Aufwärmen** durch Bewegung (1) steht das **passive Aufwärmen** gegenüber. Der Sportler führt hier nicht selbst "aktiv" Bewegungen aus, sondern seine Muskeln werden von außen erwärmt. Dies geschieht durch Massagen, heiße Duschen, Bäder oder Saunagänge, spezielle Wärmekleidung (Thermoanzüge) und sogenannte hyperämisierende (durchblutungsfördernde) Mittel, z.B. Startfluids.

GARFOOT (1970, 1673/1674) führt in diesem Zusammenhang neben der Warmwasser- auch die Kaltwasserbenutzung und die Kurzwellenbehandlung an. Bei der Kurzwellenbehandlung werden die Muskeln ca. 5 bis 10 Minuten gezielt durch Radiowellen erwärmt.

Über die Wirksamkeit der passiven Methoden liegen unterschiedliche Untersuchungsergebnisse vor. Zusammenfassend können wir aber feststellen:

---

(1) DE MAREES (1979, 333) zählt auch die Vorstellung von Bewegung, das mentale Aufwärmen, zum aktiven Aufwärmen. Hier wollen wir das mentale Aufwärmen als eigenständige Form betrachten.

1. Der leistungssteigernde Effekt des passiven Erwärmens allein ist
relativ gering. Die Durchblutungssteigerung in der Muskulatur
liegt deutlich niedriger als beim aktiven Aufwärmen, denn die
Wärme entsteht nicht im Muskel selbst, sondern sie wird ihm mit
dem Blut zugeführt. Nach DE MAREES (1979, 335) führt im Unterschied zur aktiven Erwärmung bei der passiven Erwärmung erst ein
doppelt so großer Anstieg der Körperkerntemperatur zu einer ver-
gleichbaren Leistungssteigerung.

2. Das passive Erwärmen kann unter Umständen eine sinnvolle Ergänzung zum aktiven Aufwärmen sein. Hier denken wir in erster Linie
an leichte Massagen. Sie können besonders aus psychologischen
Gründen, d.h. wenn der Aktive daran glaubt, die Wettkampfvorbereitung unterstützen. Der Gebrauch von Thermoanzügen oder hy-
perämisierenden Mitteln ist hingegen fragwürdig, obwohl man auch
hier einen psychologischen Effekt vermuten könnte. Beides kann
den Sportler zu einer Fehleinschätzung seiner tatsächlichen Verfassung führen, so daß er zu früh meint, "warm" zu sein.

Mentales Aufwärmen: Unter "mentaler" Vorbereitung versteht man das
gedankliche Durchspielen eingeübter Bewegungsabläufe, die intensive
gedankliche Auseinandersetzung mit Bewegungsvorgängen.

Nach ROLOFF (1976, 380) wird eine mentale Vorbereitung sinnvoll nur
im Falle einigermaßen automatisierter Bewegungsabläufe eingesetzt,
und zwar allein als Ergänzung zum aktiven Aufwärmen. Die gedankliche Auseinandersetzung muß vom Sportler allerdings regelrecht er-
lernt werden. ROLOFF weist dabei auf den Aspekt "Individualität"
hin: Nach seinen Untersuchungsergebnissen führt das mentale Aufwärmen auch in der Kombination mit aktivem Aufwärmen nicht bei allen
Sportlern zu Leistungsverbesserungen.

2 DOSIERUNG DES AUFWÄRMENS

Ein zentrales Problem beim Aufwärmen ist die Dosierung, d.h. die optimale Bemessung von Intensität und Umfang der einzelnen Übungen.

Ein richtig dosiertes Aufwärmen führt zu einem allmählichen Anstieg der Körperkerntemperatur des Sportlers, ohne ihn zu ermüden. Der Sportler soll durch das Aufwärmen in die Lage versetzt werden, im anschließenden Wettkampf seine maximale Leistung zu erreichen bzw. auf das anschließende Training optimal vorbereitet zu sein.

Die Dosierung des Aufwärmens hängt von vielen äußeren Gegebenheiten (Klima, Tageszeit) und inneren Faktoren (Alter, konditioneller Zustand des Sportlers) ab (vergl. Kapitel VII, Abschnitt 3).

Nach unserer Einschätzung, die sich auf eigene Beobachtungen und auf die bearbeitete Literatur gründet, wird das Aufwärmen besonders im Breitensport häufig zu kurz und zu intensiv durchgeführt. Vor allem in der Anfangsphase ist die Intensität oft zu hoch.

Mit einem solchen Vorgehen erzielt man aber nicht den gewünschten Effekt der optimalen Vorbereitung des Sportlers auf eine Belastung. Nach Untersuchungen von MASTEROVOJ (1969) kann ein zu intensives, einseitiges Aufwärmen indirekt sogar zur Abkühlung bestimmter Muskelgruppen führen und damit die Verletzungsgefahr erhöhen.

Natürlich kann es kein für alle Aktiven und für jede spezielle Zielsetzung gleichermaßen angemessenes Standardaufwärmprogramm geben. In der Regel sollte jedoch zur Einstimmung mit leichtem Traben (1) oder ruhiger Ganzkörpergymnastik begonnen werden. Daran schließen sich sportartspezifische Dehn- und Kräftigungsübungen an, die die besonders beanspruchte Muskulatur speziell vorbereiten. In der letzten Phase des Aufwärmens (koordinative Einstimmung) sind dann kurze, intensive Belastungen möglich und sinnvoll.

---

(1) MASTEROVOJ (1969, 540) empfiehlt, eine Laufgeschwindigkeit von 2 m/s nicht zu überschreiten; das entspricht einem Laufpensum von 600 Metern in 5 Minuten oder 1000 Metern in gut 8 Minuten. Zur psychischen Einstimmung kann sich der Sportler bestimmte Aufmerksamkeitsschwerpunkte suchen, z.B. Atmung oder Fußaufsatz.

3 EINFLUSSFAKTOREN AUF DOSIERUNG UND DURCHFÜHRUNG DES AUFWÄRMENS

Verbindliche Werte für die optimale Dosierung des Aufwärmens kann
es nicht geben, da zahlreiche Faktoren bei der Bestimmung von Intensität und Umfang der Übungen berücksichtigt werden müssen.

Das folgende Schaubild benennt die wesentlichen Einflußfaktoren
auf die Dosierung des Aufwärmens.

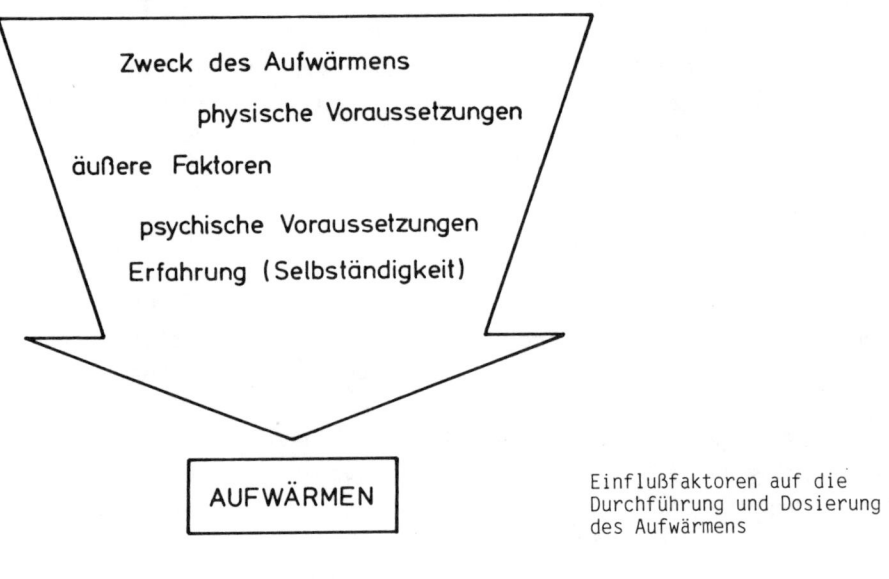

Zweck des Aufwärmens

      physische Voraussetzungen

äußere Faktoren

   psychische Voraussetzungen

Erfahrung (Selbständigkeit)

AUFWÄRMEN

Einflußfaktoren auf die
Durchführung und Dosierung
des Aufwärmens

Welche Einflüsse mit den im Schaubild benannten Kriterien gemeint
sind und in welcher Weise sie sich auswirken, wird im Folgenden erläutert.

3.1 Funktion des Aufwärmens

Die ersten Überlegungen, die ein Trainer bei der Ausarbeitung eines Aufwärmprogrammes anstellt, betreffen den Zweck des Aufwärmens.

Das Aufwärmen kann entweder die Vorbereitung auf eine Trainingseinheit oder die Vorbereitung auf einen Wettkampf zum Ziel haben. Sollen Sportler sich auf eine Trainingseinheit vorbereiten, muß überlegt werden, welchen Schwerpunkt (welche Schwerpunkte) diese haben wird. Handelt es sich jedoch um die Vorbereitung auf einen Wettkampf, sind vor allem dessen Bedeutung für den Sportler, der zeitliche Ablauf (Vorläufe?, mehrere Spiele?) und äußere Einflußfaktoren (soweit vorhersehbar) mit in die Überlegungen zur Gestaltung des Aufwärmprogrammes einzubeziehen. Besonderen Einfluß auf das Programm und seine Bestandteile hat natürlich die Sportart selbst bzw. die jeweilige Disziplin mit ihren speziellen Anforderungen. Das Aufwärmen soll immer sportartspezifisch und funktionell, d.h. auf die nachfolgende Belastung zugeschnitten bzw. abgestimmt sein.

Idealtypisch lassen sich neben dem allgemeinen Ziel der Aktivierung der psychophysischen Leistungsfähigkeit drei spezielle Funktionen des Aufwärmens unterscheiden:

1. Das Aufwärmen vor dem <u>Techniktraining</u> dient besonders der **Mobilisierung der optimalen koordinativen Voraussetzungen** des Aktiven (vergl. Kapitel VII, Abschnitt 5.3 und 5.4).
   Im Vordergrund der Überlegungen steht dabei die Dosierung des Aufwärmens, d.h. die Bemessung von Umfang und Intensität der einzelnen Übungen. Der Erwärmungsprozeß muß gerade so bemessen sein, daß alle organischen Funktionen optimal angeregt werden. Das Aufwärmen darf keinesfalls zu einer Vorermüdung und damit automatisch zu einer Verminderung der Leistungsfähigkeit führen.
   Unseres Erachtens sind viele der derzeit üblichen Aufwärmübungen (z.B. Liegestütz oder "Schubkarre") wegen zu hoher Intensität und der damit verbundenen frühzeitigen Ermüdung als Vorbereitung auf eine Übungseinheit mit dem Ziel, Bewegungen neu zu erlernen oder zu verbessern, unbrauchbar. Sie sollten Verwen-

dung finden, wenn es um die konditionelle Verbesserung des Sportlers geht.

Im Aufwärmprozeß dürfen kraft- und schnelligkeitsbetonte Übungen
nur gering dosiert eingesetzt werden, z.B. um während des speziellen Aufwärmens den Effekt des "Anpeppens" zu erreichen, d.h.
um eine optimale Aktionsspannung im Muskel herzustellen.

2. Das Aufwärmen vor dem Konditionstraining oder vor einer Übungseinheit mit gemischtem Inhalt dient vorrangig der **Aktivierung
   des Herz-Kreislaufsystems** und der **Verminderung der Verletzungsgefahr**. Hier bietet sich eine gute Gelegenheit, mit langfristig
   angelegten Ausgleichsübungen normalerweise benachteiligte Muskelgruppen anzusprechen.
   Durch einseitige Alltags- und Trainingsbelastungen entstehen
   nämlich oft muskuläre Dysbalancen (ungleich entwickelte Gegenspieler) und Haltungsschwächen. Wirksam bekämpfen lassen diese
   sich natürlich nicht durch einige Aufwärmübungen, aber es wäre
   ein erster Schritt, um Sportler an diese Ausgleichsübungen her-
   anzuführen.

3. Die dritte spezielle Zielsetzung ist die der unmittelbaren Wettkampfvorbereitung. Der Aktive soll in eine **optimale physische
   und psychische Verfassung für die zu erbringende Höchstleistung**
   gebracht werden.
   Um ein Aufwärmen vor dem Wettkampf optimal gestalten zu können,
   ist es erforderlich, daß der Trainer die Aktiven genau kennt.
   Er muß nicht nur um ihre körperlichen, sondern auch um ihre jeweiligen psychischen Voraussetzungen möglichst gut Bescheid wissen und einschätzen können, wie sich die bevorstehende Wettkampfsituation beispielsweise auf den Vorstartzustand auswirken
   wird (vergl. Kapitel VII, Abschnitt 3.3 und 6).

Generell kann man sagen, daß ein vor einer Trainingseinheit zu ab-
solvierendes Aufwärmprogramm verstärkt Aspekte wie Motivierung und
abwechslungsreiche Gestaltung enthalten sollte, während in ein der
Vorbereitung auf einen Wettkampf dienendes Aufwärmprogramm dagegen
eher Standard-Übungselemente aufzunehmen sind (vergl. Kapitel VII,
Abschnitt 6).

3.2 Physische Voraussetzungen

Neben der Funktion des Aufwärmens sind besonders die Voraussetzungen des Sportlers für die Dosierung des Aufwärmens entscheidend.
Man unterscheidet zwischen physischen und psychischen Voraussetzungen.

Zu den physischen Voraussetzungen zählen ALTER, TRAININGSZUSTAND
und TYPUS.

ALTER: Bei Kindern vollzieht sich die "ergotrope Umstellung" (Be-
reitschaft zur verstärkten Energieentfaltung) relativ schnell
(vergl. ISRAEL 1977, 389). Das Aufwärmen hat hier vor allem
pädagogische Ziele: es sollen vornehmlich Erfahrungen mit
Techniken und Wirkungsweisen des Aufwärmens gesammelt werden
- die Verminderung der Verletzungsgefahr ist noch von geringerer Bedeutung.
Etwa im 12. bis 13. Lebensjahr (7. Schuljahr) nimmt bei Kindern die Verletzungsanfälligkeit zu und auch der leistungssteigernde Effekt des Aufwärmens wird jetzt größer (vergl.
BRODTMANN 1977, 341). Leistungsvorbereitung und Verletzungs-
prophylaxe rücken immer mehr in den Vordergrund.
Für den Aufwärmprozeß bedeutet dies, daß man sich mit zu-
nehmendem Alter langsamer und länger aufwärmen muß.

TRAININGSZUSTAND: Bei der Berücksichtigung des Trainingszustandes
ist zu bedenken, daß das Aufwärmen den Sportler zur vollen
Entfaltung seiner persönlichen Leistung befähigen soll und
ihn auf keinen Fall bereits vorher ermüden darf. Ein weniger
gut trainierter Sportler darf sich nicht so intensiv aufwärmen, da er seine Ermüdungsgrenze relativ schnell erreicht.
Er darf aber auch nicht zu wenig tun, weil sonst der er-
wünschte Aufwärmeffekt ausbleibt (langsames Aufwärmen mit
geringer Intensität!).
Konsequenterweise dürfte ein Sportler erst dann an Wettkämpfen teilnehmen, wenn er ein konditionelles Niveau erreicht
hat, das ihm ein ausreichendes Aufwärmen gestattet.

TYPUS: Auch der sogenannte Typus des Aktiven muß bei der Planung des Aufwärmens berücksichtigt werden. Erfahrungsgemäß gibt es Sportler, die länger brauchen, um "voll da" zu sein, sich also länger aufwärmen müssen, während andere Sportler ein langes Aufwärmen eher als hinderlich bzw. ermüdend empfinden.

3.3 Psychische Voraussetzungen

Der Einfluß der Psyche eines Sportlers auf seine Leistungsfähigkeit wird besonders vor und in Wettkämpfen deutlich. Aber auch ein bevorstehendes hartes Training kann seine "Schatten vorauswerfen", d.h. sich als seelische Belastung auf den Aktiven auswirken.

Die psychophysischen Reaktionen des Sportlers auf diesen Druck bezeichnet man als "Vorstartzustand". Er läßt sich unter anderem durch eine entsprechende Dosierung des Aufwärmens beeinflussen.

Neben dem Vorstartzustand sind besonders die Motivation und in nicht unerheblichem Maße die Überzeugung des Sportlers von der Wirksamkeit des Aufwärmens wichtige Größen für die Gestaltung und Effektivität des Aufwärmprogrammes und damit für das Erreichen einer bestmöglichen Leistungsbereitschaft.

VORSTARTZUSTAND: "Der Vorstartzustand ist eine äußerst komplizierte Reaktion auf eine Vielzahl innerer und äußerer Reize zum Zweck einer richtigen Einstellung auf erhöhte Anforderungen, zur rechtzeitigen Anpassung des Organismus an die bevorstehende sportliche Leistung" (KONZAG 1976, 266).

Es handelt sich beim Vorstartzustand also um die Auswirkungen der allmählich näher rückenden Belastung auf das körperliche und seelische Befinden des Sportlers. Solche Auswirkungen lassen sich vor wichtigen Wettkämpfen schon Tage, ja Wochen im voraus beobachten.

Im engeren Sinne versteht man unter dem Vorstartzustand das Befinden des Sportlers in den Stunden unmittelbar vor dem Wettkampf.

Der Vorstartzustand kann je nach "Nerventyp" des Aktiven ganz verschiedene Formen annehmen. Meistens werden drei Erscheinungsformen unterschieden, die auf eine Einteilung von PUNI (1961, 167) zurückgehen (vergl. dazu KONZAG 1976, 266/267 und SAMULSKI 1982, 15).

1. Der Zustand des **Startfiebers**
Das Startfieber ist gekennzeichnet durch übermäßige Aufregung und Nervosität des Sportlers. Auffällig sind eine Beschleunigung von Puls und Atmung, Schweißausbrüche, motorische Unruhe (unruhiges, planloses Hin- und Herlaufen), Konzentrationsschwächen und starke Stimmungsschwankungen. Der Wettkampf wird oft überhastet oder verkrampft angegangen.

2. Der Zustand der **Startapathie**
Der Zustand der Startapathie ist gekennzeichnet durch eine geringe Leistungsbereitschaft. Der Sportler fühlt sich müde und kraftlos, er muß gähnen und ist lustlos bis depressiv. Im Wettkampf kann er meist nicht seine volle Leistung erbringen.

3. Der Zustand der **optimalen Wettkampf- bzw. Kampfbereitschaft**
Er ist definiert als Zustand der optimalen Intensität aller physiologischen Prozesse oder als optimaler Vorstartzustand. Der Sportler ist gespannt, aber nicht übernervös. Er verspürt eine leichte Ungeduld, aber auch Selbstvertrauen und Zuversicht. Er kann seine Gedanken sinnvoll einsetzen (z.B. für Taktik, Streckeneinteilung, Beobachtung).

Erregungszustände dominieren   Hemmungszustände dominieren

Startfieber   optimaler Vorstartzustand   Startapathie

Der Vorstartzustand als Skala mit den Extrema Startfieber und Startapathie

Zur Erforschung des Vorstartzustandes führte PUNI (1961, 167-170) Untersuchungen bei mehr als 400 Sportlern verschiedener Leistungsklassen durch. Als Faktoren, die den Vorstartzustand beeinflussen, hebt er besonders den konditionellen Zustand und die Motivation hervor. Weiterhin von Bedeutung sind die Wichtigkeit des Wettkampfes, die Konkurrenten, die Zuschauer, unvorhersehbare Wartezeiten, eigene Wettkampferfahrungen und nicht zuletzt die individuellen Charaktereigenschaften der Sportler.

Nach diesen Untersuchungen lassen sich aus der Erscheinungsform des Vorstartzustandes Schlüsse auf die Beziehung des Aktiven zu seinem bevorstehenden Auftreten ziehen.

Der Vorstartzustand seinerseits beeinflußt die Durchführung und das Resultat des Wettkampfes. Er kann allerdings bei ein- und derselben Person mehrere Phasen durchlaufen. Diese sogenannten "Umschaltvorgänge" hat besonders STEINBACH (1970, 82-90) näher beschrieben.

Zur Vermeidung oder Überwindung negativer Vorstartzustände werden Spitzensportler systematisch psychologisch betreut und auf Wettkämpfe vorbereitet. Mithilfe sogenannter Psychoregulationstechniken versucht man, ihre Erregung in der Vorstartphase optimal zu dosieren (vergl. SONNENSCHEIN/TRADT 1982, 447/448 und SCHMIDT 1971, 59-61).

Aber auch ein durchdachtes Aufwärmen mindert die unangenehmen Erscheinungen negativer Vorstartzustände: Bei Sportlern, die eher zur Startapathie neigen, sollte die Intensität des Aufwärmens höher sein als bei denjenigen, die Anzeichen von Startfieber zeigen. Dem Startfieber-Typus ist ein weniger intensives, aber zeitlich ausgedehnteres Aufwärmen zu empfehlen (vergl. ISRAEL 1977, 399 und STEINBACH 1970, 88).

MOTIVATION: Der Vorstartzustand des Sportlers wird von seiner Motivation entscheidend beeinflußt. Geht er widerwillig an den Start (z.B. unter dem Druck des Trainers oder der Eltern) - man spricht von "extrinsischer" Motivation -, so wird er sein wahres Leistungsvermögen nur schwer erreichen können. Möglich ist allerdings ein

plötzliches "Umschalten" im Wettkampf: Die unmittelbare
Konkurrenzsituation kann Reserven freisetzen - der
Sportler ist plötzlich von sich aus (intrinsisch) mo-
tiviert und vermag sich voll einzusetzen.
Andererseits ist auch eine übertriebene Motivation möglich, was nicht nur im Leistungssport oft beobachtet
werden kann. Sie wird durch äußeren Druck (z.B. Erwartungshaltung der Zuschauer/Öffentlichkeit) noch verstärkt und kann beispielsweise im Tennis als einer psychisch stark belastenden Sportart zu scheinbar unerklär-
lichem Verhalten der Spieler führen (vergl. TIRIAC 1987).

Insgesamt sind diese Zusammenhänge äußerst komplex, bei jedem Sportler anders und je nach Situation sehr verschieden. Sie stellen hohe
Forderungen an das Einfühlungsvermögen des Trainers. Je erfahrener
und selbständiger der Sportler wird, desto besser wird auch er
selbst seine Reaktionsweisen einschätzen und durch ein hierauf ab-
gestelltes Aufwärmen im Sinne einer optimalen Wettkampfvorbereitung
regulieren können.

ÜBERZEUGUNG von der Wirksamkeit des Aufwärmens: Die Wirksamkeit
des Aufwärmens wird offensichtlich durch die Einstellung des Sportlers zum Aufwärmen selbst beeinflußt.
Das betrifft aber nicht nur den Unterschied zwischen
lustloser und gewissenhafter Ausführung der Übungen,
sondern der Aufwärmeffekt ist offenbar umso größer, je
positiver die Erwartungshaltung des Sportlers hierzu
ist. Diese Tatsache spiegelt sich in mehreren Untersuchungen wider (vergl. ZIESCHANG 1978, 242).
Man kann diesen Effekt vielleicht zum Teil als eine
Art "Placebo- Wirkung" deuten; zusätzlich muß man
allerdings annehmen, daß der Sportler sich aufgrund
des subjektiven Gefühls der Sicherheit, gut vorbereitet zu sein, lockerer und weniger angespannt bewegt
und schon aus diesem Grunde bessere Leistungen er-
bringt. Diese Annahme bedarf allerdings einer näheren
Untersuchung.

3.4 Erfahrung und Selbständigkeit

Nicht nur die jeweilige Disziplin, auch das Aufwärmen muß gelernt werden!

Falscher Programmaufbau und falsche Dosierung sind die am meisten zu beobachtenden Fehler. Auch werden die Aufwärmübungen oft sehr ungenau ausgeführt. Eine exakte Ausführung ist bei vielen Übungen aufgrund vielfältiger Ausweichmöglichkeiten und dem damit verbundenen Wirkungsverlust aber besonders wichtig und muß deshalb vom Sportler unbedingt beachtet werden (vergl. Kapitel IV, Abschnitt 2.1 und 2.2). Um Fehler zu vermeiden oder mögliche Fehlerquellen entdecken zu können, benötigt der Sportler zum einen eine gewisse Erfahrung in der Aufwärmarbeit und zum anderen - was hierzu in enger Beziehung steht - muß er seinen Körper und dessen Reaktionen auf bestimmte Übungen, besonders aber seine Ermüdungsgrenze möglichst gut kennen.

Daher sollten Techniken des Aufwärmens bereits bei Kindern in den Sportunterricht und in das Sporttreiben aufgenommen werden, um sie frühestmöglich zu einer Selbständigkeit auch in diesem Bereich zu erziehen.

Wenn Sportler später Erfahrung und Selbständigkeit im Aufwärmen besitzen, kann aber andererseits ein vom Trainer angeleitetes Aufwärmen dann angebracht sein, wenn es einer Mannschaft insgesamt Vorteile bringt. Dies könnte z.B. der Fall sein, wenn ein Trainer eine Mannschaft neu übernimmt und neue Übungen bzw. ein standardisiertes Aufwärmprogramm für die ganze Saison einführt. Hierbei muß der Trainer (besonders im Hinblick auf das in Kapitel VII, Abschnitt 3.2 Gesagte) allerdings sehr sorgfältig und überlegt entscheiden, wann und wie weit die Interessen und Bedürfnisse des einzelnen zugunsten des Gesamtinteresses zurückgestellt werden können.

So ist auch die Frage, ob Mannschaften sich individuell oder gemeinsam aufwärmen sollten, nicht grundsätzlich zu entscheiden. Individuelles Aufwärmen hat den Vorteil, daß jeder Sportler das Programm speziell auf sich abstimmen kann. Gemeinsames Aufwärmen bietet die Vorteile, daß "Bequeme" mitgezogen werden und nach außen, d.h.

beim Gegner der Eindruck mannschaftlicher Geschlossenheit entsteht.
(In der Handball-Bundesliga gibt es Mannschaften, die sich aus diesen Gründen vor Heimspielen individuell und vor Auswärtsspielen gemeinsam aufwärmen (vergl. REICHE 1985, 6).)

3.5 Äußere Faktoren

Äußere Faktoren, die das Aufwärmen beeinflussen, sind z.B. die räumliche Umgebung (fremde Halle, große Zuschauerkulisse), die Tempera-
tur/das Klima und die Tageszeit.

Zur Einstimmung in eine ungewohnte **räumliche Umgebung** trägt das Aufwärmen in hervorragender Weise bei. Einem Tennisspieler bietet sich
so die Möglichkeit, sich auf die Wind- und Bodenverhältnisse oder
auf die Besonderheiten der Bälle einzustellen. Basketball- oder
Handballspieler können sich in einer fremden Halle während des Aufwärmens etwa mit der Zuschauerkulisse oder mit Besonderheiten der
Spielfeldbegrenzung vertraut machen. (In einer ungewohnt hohen Halle z.B. besteht die Gefahr, daß Handballspieler in den ersten Minuten ihre Würfe zu hoch ansetzen.)

Ein wichtiger Einflußfaktor auf die Leistungsfähigkeit und auf das
Aufwärmen ist das **Klima** bzw. die **Außentemperatur**:

- Bei kühler Witterung muß sich der Aktive besonders sorgfältig,
  d.h. lange genug aufwärmen. Bildlich gesprochen dient das allgemeine Aufwärmen der Anhebung der infolge der kühlen Witterung
  niedrigeren Körpertemperatur; dazu muß es zeitlich ausgedehnt
  werden. Ein in Hinsicht auf die Intensität forciertes Aufwärmen,
  wie man es in der Praxis leider oft beobachten kann, ist allerdings nicht anzuraten (vergl. Kapitel VII, Abschnitt 2).

- Bei warmer bzw. schwüler Witterung wird das Aufwärmen insgesamt
  mit geringerer Intensität ausgeführt, da die Gefahr der vorzeiti-
  gen Ermüdung besonders groß ist. Das allgemeine Aufwärmen ist in
  Zeit und Intensität auf ein Minimum zu reduzieren. Das Aufwärmen
  darf aber nicht schon beim ersten leichten Schwitzen abgebrochen
  werden!

In diesem Zusammenhang spielt die **Bekleidung** eine wichtige Rolle.
Hierzu gibt es in der Literatur verschiedene Auffassungen:

KUNTOFF/DARWISH (1975, 5) sind der Ansicht, daß das Aufwärmen auch
bei sommerlichen Temperaturen im Trainingsanzug durchgeführt werden
sollte.

REICHE (1985, 6) berichtet vom Aufwärmverhalten der rumänischen
Handballnationalmannschaft: "Sie duschen heiß und versuchen anschließend, diesen passiv gewonnenen Wärmezustand des Körpers durch
Anlegen mehrerer Trainingsanzüge zu erhalten". Begründet wird dieses Verfahren mit geringeren Energie- und Flüssigkeitsverlusten.

Dagegen schreiben HOLLMANN/HETTINGER (1980, 586/587): "Das Aufwärmen in Trainingsanzügen ist abzulehnen". Sie sind der Meinung, es
vermittele ein falsches Wärmegefühl und könne zu einer unzureichen-
den Erwärmung bzw. zum Wärmestau führen.

Eine vermittelnde Zwischenposition vertreten unter anderen beispielsweise ISRAEL (1977, 388/389) und DE MAREES (1979, 337). Sie
halten es für angezeigt, bei kühler Witterung auch während des Aufwärmens einen Trainingsanzug zu tragen; bei warmem Wetter habe er
aber lediglich die Aufgabe, die Körpertemperatur nach dem Aufwärmen
zu konservieren.

Auch die **Tageszeit** beeinflußt die Dosierung des Aufwärmens. Nachts
sind die menschlichen Körperfunktionen herabgesetzt. Die Körperkerntemperatur beträgt nach REIN/SCHNEIDER (1971, 182) morgens um
6.00 Uhr nur etwa 36,4 °C. Sie steigt im Laufe des Tages an und erreicht um 18.00 Uhr etwa 37,4 °C. Dagegen sinkt die Temperatur der
Extremitäten im Tagesverlauf leicht ab.

Am Abend kehren sich die Verhältnisse um. Die Amplitude dieser
Temperaturperiodik kann mehr als 1,5 °C betragen. Allerdings ist
die Charakteristik der Tageskurve individuell sehr verschieden. Das
Gesamtmittel liegt bei 37 °C (vergl. ASCHOFF 1971, 49/50).

Für das Aufwärmen bedeutet das: Der Sportler braucht morgens länger
um "in Gang zu kommen" als abends, dementsprechend muß er sich vor

einem morgendlichen Training oder Wettkampf auch länger und langsamer aufwärmen.

Die Tätigkeiten während des Tages können dabei zusätzlich zur an-
geborenen Temperaturperiodik einen gewissen Aufwärmeffekt haben
(vergl. DE MAREES 1979, 335). GREEN (1972, 413) berichtet, daß die
von ihm betreuten Schwimmer am frühen Morgen immer wesentlich
schwächere Leistungen brachten als am Nachmittag. Er versteht unter dem Aufwärmen nicht nur die direkte Belastungsvorbereitung,
sondern alle während des Tages durchgeführten Tätigkeiten.

4   ZUR TEMPERATURREGULATION IM MENSCHLICHEN KÖRPER

Der menschliche Organismus ist bestrebt, seine Innentemperatur auch
bei wechselnden Umgebungstemperaturen und sich ändernder Intensität
der eigenen Stoffwechseltätigkeit in einer relativ geringen Schwan-
kungsbreite konstant zu halten, um sich gegen Überhitzung oder Auskühlung zu schützen. Dazu muß er die Prozesse der Wärmebildung und
der Wärmeabgabe untereinander abstimmen und den verschiedenen äußeren (klimatischen) Bedingungen anpassen.

Generell ist jede menschliche Lebensäußerung mit einer Stoffwechselsteigerung und mit **Wärmebildung** verbunden. ASCHOFF (1971, 44/45)
unterscheidet Orte der Wärmebildung im Organismus nach Gewicht und
Sauerstoffverbrauch des Gewebes und der daraus abschätzbaren spezi-
fischen Wärmebildung. Er kommt so zu einer Unterteilung in **Körperkern** mit hoher Wärmebildung und **Körperschale** mit geringer Wärmebildung (in Ruhe). Die Wärmebildung konzentriert sich demnach bei einem ruhenden Körper auf das konstant warm zu haltende Innere.

REIN/SCHNEIDER (1971, 181) vergleichen die Körperschale mit einem
Kühler für den "Heizkörper" Körperkern. Das Blut wird im Kern erwärmt. Es fließt nach außen und kühlt sich im Gewebe der Körperschale wieder ab. Der Wärmestrom fließt also von innen nach außen,

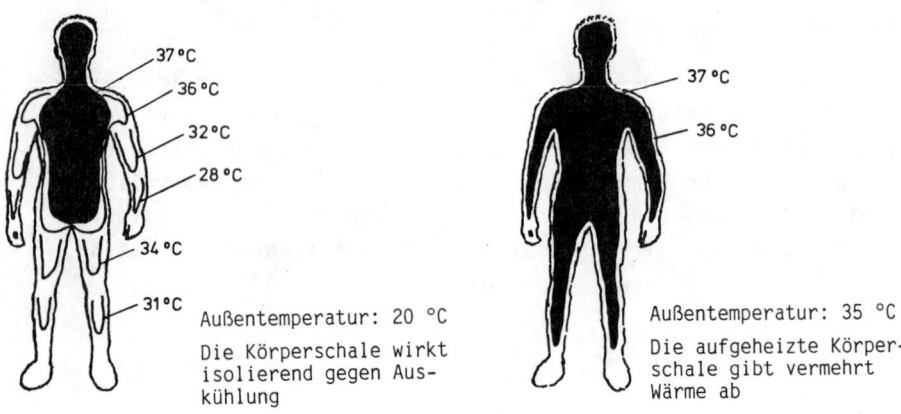

Schematisierte Isothermen bei Außentemperaturen von 20 °C und 35 °C
(mod. nach ASCHOFF 1971, 56)

das Temperaturgefälle von innen nach außen ist im Organismus normalerweise umso größer, je weiter die betreffende Außenregion vom
Kern entfernt ist.

Bei niedriger Außentemperatur besteht ein relativ hoher Temperatur-
unterschied zwischen Kern und Schale, die Schale wirkt isolierend
gegen Auskühlung des Kerns. Bei steigender Außentemperatur verrin-
gert sich dieser Unterschied immer mehr, die Schale wird durch eine
stärkere Durchblutung aufgeheizt und der Körper gibt mehr Wärme
nach außen ab, um den Kern vor Überhitzung zu schützen (1).

Die verschieden starke Durchblutung wird durch das "Wandern der
Isothermen im Körper" (Linien gleicher Temperatur) veranschaulicht
(siehe Abbildung).

---

(1) Die Extremitäten bieten besonders gute Möglichkeiten, die Körpertemperatur
    trotz unterschiedlicher Außenbedingungen relativ konstant zu halten. Durch
    verschieden starke Durchblutung können sie die "Isolierschicht" zwischen
    Kern und Körperoberfläche maximal vergrößern oder verkleinern. "Die Vari-
    abilität der Durchblutung am Finger beträgt mehr als 1:600 ..., die der
    Hand etwa 1:30 und die der Schalengewebe am Rumpf im Mittel vielleicht
    1:7 ..." (ASCHOFF 1971, 55) (vergl. Kapitel VII, Abschnitt 5.2).

Aus der Abbildung wird auch deutlich, daß es "die" Körpertemperatur eines Menschen eigentlich nicht gibt, denn ihr Wert kann je
nach dem Ort der Messung sehr verschieden ausfallen. Im allgemeinen Sprachgebrauch versteht man unter "der" Körpertemperatur aber
meist die Rectaltemperatur.

Ist die Isolationswirkung der Körperschale nicht ausreichend, um
den Organismus vor Auskühlung zu schützen, oder will ein Sportler
absichtlich die Temperatur im Organismus erhöhen (warum, dazu später), so muß er sich die nötige Wärme entweder von außen heranführen (passives Aufwärmen) oder durch Stoffwechselsteigerung,
durch Bewegung, selbst erzeugen (aktives Aufwärmen).

Beim aktiven Aufwärmen - bei jeder Muskelarbeit - entsteht die zusätzlich anfallende Wärme als "Abfallprodukt" des gesteigerten
Stoffwechsels überwiegend in der Peripherie selbst (vergl. ASCHOFF
1971, 45). Aus den arbeitenden Muskelregionen kann sie teils nach
außen abströmen, teils wird sie mit dem Blutstrom in den Körperkern transportiert. Damit steigt auch die Kerntemperatur (zeitlich
verzögert) an.

Dies ist für die Aufwärmarbeit des Sportlers von großer Bedeutung,
denn eine erhöhte Kerntemperatur wirkt (nach den Angaben DE MAREES'
1979, 336) stabilisierend auf die Muskeltemperatur. Seinen Untersuchungen zufolge ist noch 5 Minuten nach der Beendigung einer ca.
30 Minuten dauernden Aufwärmarbeit die Muskeltemperatur unverändert
hoch und der volle Effekt des Aufwärmens erhalten. Erst nach 45 Minuten Ruhe ist die Ausgangstemperatur wieder erreicht. Ein effektives Aufwärmen muß demnach so angelegt sein, daß die Körperkerntemperatur ansteigt.

Welchen Vorteil aber bringt eine erhöhte Muskeltemperatur? Wie wir
in Kapitel VII, Abschnitt 5.1, sehen werden, laufen bei erhöhter
Temperatur die chemischen Prozesse (Stoffwechsel, Reizleitung)
schneller ab. Das jedoch bedeutet für einen erwärmten Sportler ein
größeres Leistungspotential. "Der erwärmte Sportler ist vor allem
in der Anfangsphase der Belastung dem nicht aufgewärmten Sportler
überlegen" (ISRAEL 1977, 387).

Für die physische Leistungsfähigkeit gibt es eine optimale Körpertemperatur von 38,5 - 39 °C, bei der die Vorteile der Erwärmung, wie Beschleunigung des Stoffwechsels und Ökonomisierung der Atmung (vergl. Kapitel VII, Abschnitt 5.1 und 5.2), wirksam werden, ohne daß die Nachteile der Überhitzung (Kreislaufprobleme) eintreten.

Um den Organismus vor einer zu starken Erwärmung zu schützen, sinkt die Schwelle der Hauttemperatur, bei der ein Schwitzen einsetzt, mit steigender Körperkerntemperatur ab (vergl. ASCHOFF 1971, 71). Ein erwärmter Sportler wird also bei einsetzender Belastung (Training oder Wettkampf) früher zu schwitzen beginnen als ein nicht erwärmter Sportler.

5 PHYSIOLOGISCHE WIRKUNGEN DES AUFWÄRMENS

Der zentrale physiologische Effekt des Aufwärmens ist - wie schon der Name sagt - die Erhöhung der Körpertemperatur.

Die durch das Aufwärmen ausgelösten Reaktionen des Organismus sind in dem nachstehenden Schaubild vereinfacht dargestellt.

Stoffwechselvorgänge laufen bei erhöhter Temperatur schneller ab. Dieser Umstand hat einen steigenden Sauerstoffbedarf in der arbeitenden Muskelzelle zur Folge, die "Sauerstoff-Anlieferung" (Atmung, Herz-Kreislaufsystem) muß also auf einem höheren Niveau arbeiten. Bei erhöhter Temperatur werden Nervenimpulse schneller weitergeleitet und Rezeptoren reagieren empfindlicher. Nicht zuletzt kann sich der Muskel schneller kontrahieren und auch besser entspannen.

Im Falle des aktiven Aufwärmens kommt es durch die Bewegung auch zu einer Verbesserung der Ernährungsbedingungen der Gelenkknorpel.

In der Literatur finden sich nur wenige Angaben darüber, wie lange die ökonomisierenden Effekte des Aufwärmens nach Beendigung der Übungen im einzelnen erhalten bleiben. Nach DE MAREES (1979, 336)

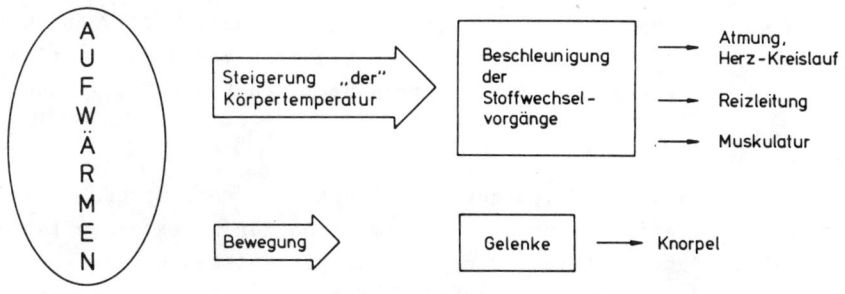

Physiologische Wirkungen des Aufwärmens

kommt der positive Effekt einer 30 Minuten dauernden Aufwärmarbeit
noch 5 Minuten nach Beendigung voll zur Wirkung. Physiologische
Größen, die sich nach einer Belastung schnell wieder normalisieren
(z.B. Atmung, Herzschlag), werden - so die Annahme - durch das Aufwärmen in der Weise beeinflußt, daß sich kürzere Umschaltzeiten
bei Belastungsbeginn ergeben.

5.1 Stoffwechsel

Mit Beginn jeder Muskelarbeit setzt auch sofort ein Mehrbedarf an
Energie ein. Dieser Mehrbedarf wird aus energiereichen Phosphat-
verbindungen gedeckt, die als Reserven sofort verfügbar sind, aber
auch sofort wieder aufgebaut werden müssen (Resynthese). Das kann
auf aerobem (unter Sauerstoffverbrauch) oder auf anaerobem Wege
(ohne Sauerstoffverbrauch) geschehen. In welchem Umfang der ökono-
mischere Weg der aeroben Oxydation genutzt werden kann, hängt vom
Umfang und von der Intensität der Muskelarbeit, d.h. vor allem von
der verfügbaren Menge an Sauerstoff ab.

Um länger unter aeroben Bedingungen und damit länger ökonomisch arbeiten zu können, ist der Organismus bestrebt, die Sauerstoffversorgung zu verbessern. Er erreicht dies durch eine Anregung der Atmung und des Herz-Kreislaufsystems (vergl. Kapitel VII, Abschnitt 5.2). In der Folge kommt es neben der besseren Versorgung mit Sauerstoff auch zu einem vermehrten Abtransport von Kohlendioxid und Lactat.

Lactat, das Salz der Milchsäure, entsteht als "Abfallprodukt" der anaeroben Oxydation. Eine starke Vermehrung der Lactatmenge in der Muskelzelle führt zu einer Übersäuerung des Muskels und zur Ermüdung bzw. zum Abbruch der Arbeit. Durch ein richtig dosiertes Aufwärmen läßt sich diese Übersäuerung hinausschieben, denn die verbesserte Durchblutung verbessert ihrerseits die Voraussetzungen für eine aerobe Energiegewinnung, so daß die anaeroben Energiereserven geschont werden.

Daß das Aufwärmen derart günstige Auswirkungen auf die aerobe Energiebereitstellung hat, stellen unter anderen DE MAREES (1979, 334) und JAKOWLEW fest. So wies JAKOWLEW (1977, 131) durch Untersuchungen nach, daß der Lactatspiegel im Blut bei einer Arbeit nach Erwärmung wesentlich niedriger lag als bei einer Arbeit ohne vorangegangene Erwärmung.

Allgemein kann man sagen, daß Stoffwechselprozesse bzw. die Geschwindigkeit chemischer Reaktionen mit der Temperatur positiv korrelieren. Die Stoffwechselrate erhöht sich nach der sogenannten RGT-Regel (Reaktions-Geschwindigkeits-Temperatur-Regel von Hoff-Arrhenius) um ca. 13% pro Grad Temperatursteigerung (vergl. DE MAREES 1979, 333).

Dieser Satz gilt jedoch im biologischen Bereich nicht uneingeschränkt, die Ablaufgeschwindigkeit biochemischer Prozesse wird auch wesentlich vom Enzymverhalten bestimmt. ISRAEL (1977, 387) nimmt an, daß der optimale Wirkungsbereich der leistungsrelevanten Schlüsselenzyme bei einer um mindestens 2 °C erhöhten Temperatur liegt. Das Aufwärmen sollte also zu einer Anhebung der Körpertemperatur (rectal) auf etwa 39 °C führen.

5.2 Atmung und Herz-Kreislaufsystem

In diesem Abschnitt werden die Auswirkungen der durch das Aufwärmen
angeregten Stoffwechseltätigkeit auf die Atmung und das Herz-Kreislaufsystem aufgezeigt.

Die primäre Aufgabe der Atmung und des Herz-Kreislaufsystems in diesem Zusammenhang ist die Versorgung der Muskelzellen mit Sauerstoff
und die "Entsorgung" des anfallenden Kohlendioxids.

Die Sauerstoffversorgung läuft, schematisch vereinfacht, in drei
Phasen ab (der Weg des Kohlendioxidabtransports verläuft umgekehrt):

1. Sauerstoffaufnahme aus der Atemluft
2. Sauerstofftransport mit dem Blutstrom
3. Sauerstoffabgabe aus dem Blut in das Gewebe

Als Folge der erhöhten Körpertemperatur kommt es außerdem zu einer
leichteren Freisetzung des mit dem Blut transportierten Sauerstoffs.
Das bedeutet eine weitere Ökonomisierung der Energieversorgung.

1. Der **Gasaustausch in der Lunge** (pulmonaler Gasaustausch) geschieht
   durch Belüftung und Durchblutung der Lunge sowie durch einen Dif-
   fusionsausgleich zwischen der Luft in den Lungenalveolen und dem
   Blut in den Lungenkapillaren (vergl. PIIPER 1972, 38). Damit sind
   Sauerstoffaufnahme und Kohlendioxidabgabe abhängig von der Menge
   der eingeatmeten Luft pro Zeiteinheit (Atemzeitvolumen) und der
   durch die Lunge strömenden Blutmenge pro Zeiteinheit (Herzzeitvolumen).

   Der Sauerstoffverbrauch eines gesunden Erwachsenen beträgt nach
   FINDEISEN/LINKE/PICKENHAIN (1980, 144) in Ruhe etwa 0,25 bis 0,3
   Liter pro Minute. Mit beginnender Arbeit steigt der Sauerstoff-
   bedarf des Organismus an. Bei Trainierten kann er unter starker
   Belastung bis zu 5 Liter, in Ausnahmen bis zu 6 Liter erreichen.
   Um diesen vermehrten Sauerstoffbedarf zu decken, werden Atemzeit-
   volumen und Herzzeitvolumen erhöht: Das Atemzeitvolumen, das Pro-

dukt aus Atemtiefe (auch Atemzugvolumen) und Atemfrequenz, paßt
sich dem jeweiligen Bedarf so ökonomisch wie möglich an. Bei submaximaler Belastung steigt beim Trainierten vor allem die Atemtiefe, beim Untrainierten vor allem die Atemfrequenz (vergl. DE
MAREES 1979, 223/224).

2. Ein ansteigendes Herzzeitvolumen - Herzfrequenz mal Schlagvolu-
   men pro Zeiteinheit - ermöglicht außer einer erhöhten Sauerstoffaufnahme aus der Atemluft und einer erhöhten Kohlendioxidabgabe
   (es strömt mehr Blut in der Zeiteinheit durch die Lungenkapillaren) auch einen beschleunigten **Transport der Atemgase** mit dem
   Blutstrom. Bewirkt wird der Herzzeitvolumenanstieg vorwiegend
   durch eine Herzfrequenzsteigerung und nur in geringem Maße durch
   eine Zunahme des Schlagvolumens (vergl. DE MAREES 1979, 153).

   STRAUZENBERG (1978, 165) unterscheidet bei der Umstellung von
   der Ruhefrequenz auf die Belastungsfrequenz zwei Phasen: Eine
   Primärphase, die einen steilen Frequenzanstieg auslöst, und eine
   Sekundärphase, die die Herzfrequenz an die Bedarfsgröße anpaßt.
   Während die erste Phase bei Untrainierten etwa 30 Sekunden dauert,
   können Trainierte schon nach etwa 10 Sekunden die zweite Phase erreichen.

   Nach WEINECK (1986, 296) kann das Aufwärmen die unökonomische
   Primärphase des Herzfrequenzanstieges verkürzen. Das würde be-
   deuten, daß bei einem aufgewärmten Sportler die Umstellung der
   Herzfrequenz auf die Bedarfsgröße zu Beginn der Trainings- oder
   Wettkampfbelastung ökonomischer vonstatten ginge als bei einem
   nicht aufgewärmten Sportler.

3. Für einen vermehrten Gasaustausch braucht der Organismus außerdem eine möglichst große Berührungsfläche zwischen Blut und Gewebe. Das wird durch eine **Anpassung des Kapillarsystems** erreicht.
   Diese winzigen Blutgefäße können je nach Bedarf geöffnet oder ge-
   schlossen werden und so die Durchblutung bestimmter Regionen an
   die jeweilige Arbeitsleistung anpassen. Nach MARKWORTH (1984,
   144) sind unter körperlichen Ruhebedingungen drei Viertel aller
   Muskelkapillaren verschlossen.

Durch die Anpassung des Kapillarnetzes findet eine Umverteilung der zirkulierenden Blutmenge aus den Blutspeichern (Leber, Milz) und den weniger beanspruchten Regionen in die aktivierten Muskelgruppen statt. REIN/SCHNEIDER (1971, 108) sprechen von "Blutverschiebung".

Ausgelöst wird dieser Vorgang durch eine gesteigerte Aktivität des "nervus sympathicus". Sie bewirkt eine weiträumige Gefäßverengung (Vasokonstriktion) in der nicht beanspruchten Muskulatur und damit dort eine reduzierte Durchblutung. Der Gegenspieler des Sympathicus, der Parasympathicus oder Vagus, bewirkt dagegen eine Weitstellung (Vasodilatation) der Gefäße. Normalerweise würden sich diese Einflüsse gegenseitig neutralisieren. Nun ist es aber so, daß der Sympathicus eher weiträumig, der Vagus eher lokal begrenzt wirkt. Außerdem reagiert die arbeitende Muskulatur wegen der erhöhten Metabolitenkonzentration (Stoffwechselprodukte) nicht auf die Impulse des Sympathicus (Schwellenerhöhung für diese Impulse). So kommt es zu einer Weitstellung der Alveolen in den aktiven Muskelregionen und in der Folge zur Öffnung zusätzlicher Kapillaren und zur vermehrten Durchblutung dieser Regionen (vergl. REIN/SCHNEIDER 1971, 115). Welche Substanzen für die lokale Durchblutungssteigerung verantwortlich sind, ist nach DE MAREES (1979, 151/152) aber noch unklar. Einen stärkeren Einfluß haben möglicherweise Kohlendioxid und Kalium.

Insgesamt steigt das Herzzeitvolumen fast linear mit dem Sauerstoffverbrauch an. Daß keine reine Proportionalität vorliegt, hat seine Ursache darin, daß der erhöhte Sauerstoffbedarf nicht nur durch die vermehrte Durchblutung der beanspruchten Muskulatur gedeckt wird, sondern auch durch eine **bessere Ausnutzung des Sauerstoffgehaltes im Blut** (vergl. REIN/SCHNEIDER 1971, 131).

Während der Kontaktzeit mit den Lungenkapillaren reichert sich das venöse, sauerstoffarme Blut erneut mit Sauerstoff an und gibt Kohlendioxid ab. Der Sauerstoff wird dabei an den roten Blutfarbstoff

(Hämoglobin) gebunden. Die Sauerstoffbindungseigenschaften des Hämoglobins sind nicht konstant, sie ändern sich vielmehr mit der Temperatur: Bei einer Temperaturerhöhung wird die Sauerstoffaufnahmefähigkeit (an den Lungenkapillaren) kaum verschlechtert, die Abgabefähigkeit (in das Gewebe) jedoch erheblich verbessert. Bei dem Kohlendioxid liegen die Verhältnisse genau umgekehrt (vergl. FINDEISEN/LINKE/PICKENHAIN 1980, 142-144).

Als Maß für die Ökonomie der Atmung gilt das Atemäquivalent, der Quotient aus Atemminutenvolumen (eingeatmete Luftmenge pro Minute) und Sauerstoffaufnahme pro Minute (1). Ein kleines Atemäquivalent steht für eine ökonomische Atmung: Es kann in der gegebenen Zeit relativ viel Sauerstoff aus der eingeatmeten Luft aufgenommen und verwertet werden.

Mit beginnender Arbeit sinkt das Atemäquivalent, die Atmung wird ökonomischer: Für 1 Liter Sauerstoff werden in Ruhe ca. 25 Liter Atemluft benötigt. Der günstigste Wert liegt bei Trainierten während einer Ausdauerleistung bei ca. 20 Litern, die Herzfrequenz erreicht dabei etwa 130 Schläge pro Minute (vergl. DE MAREES 1979, 224/225, 415).

Sagt das Atemäquivalent etwas über das Verhältnis von eingeatmeter Luft zu verwertetem Sauerstoff aus, so gibt die folgende Größe den Grad der Verwertung des mit dem Blut herangeführten Sauerstoffs an. Der aus der Atemluft aufgenommene und im Blut gebundene Sauerstoff kann nämlich praktisch nie völlig verwertet werden. Durch Messung der arterio-venösen Konzentrationsdifferenz läßt sich die Sauerstoffausnutzung oder Sauerstoff-Utilisation bestimmen. Sie ist gleich dem Quotienten aus Sauerstoffverbrauch (arterio-venöse Konzentrationsdifferenz) und Sauerstoffangebot (im arteriellen Blut). In Ruhe beträgt sie nur etwa 25% bezogen auf den Gesamtkreislauf, d.h. die Sauerstoffkonzentration im venösen Blut liegt bei etwa 75%.

---

(1) Die mit einem Atemzug aufgenommene Sauerstoffmenge entspricht der Differenz zwischen eingeatmeter und ausgeatmeter Sauerstoffmenge. Die maximale Sauerstoffaufnahmefähigkeit (pro Kilogramm Körpergewicht) ist eine wichtige Größe zur Bestimmung der Ausdauerleistungsfähigkeit.

Bei maximaler körperlicher Arbeit kann die Sauerstoffausnutzung 75%
erreichen (vergl. PIIPER 1972, 105/106).

Auswirkungen hat die Aufnahme körperlicher Arbeit auch auf den Blutdruck. Mit dem Beginn der Belastung sinkt der Blutdruck zunächst
für etwa 10 Sekunden ab und steigt dann entsprechend der Leistungs-
intensität an. Das anfängliche Abfallen rührt nach DE MAREES (1979,
155) wahrscheinlich daher, daß die Widerstandsabnahme durch Gefäß-
erweiterung sich zunächst stärker auswirkt als die Blutdrucksteige-
rung. Weiterhin steigt mit der Leistung besonders der systolische
Blutdruck, während der diastolische Blutdruck sich nicht oder nur
geringfügig erhöht. FALLER (1976, 186) zufolge ist der systolische
Blutdruck vor allem Ausdruck der Herzleistung, der diastolische
Blutdruck repräsentiert vor allem die Elastizität der Arterien-
wände.

Besonders interessant im Hinblick auf das Aufwärmen ist der Einfluß der psychischen Verfassung auf den Blutdruck. Während dieser
Einfluß nämlich in Ruhe relativ groß ist, nimmt er unter Belastung
deutlich ab (vergl. HÜLLEMANN 1976, 54). (So ist beispielsweise
das Auf- und Abgehen bei großer Nervosität ein durchaus sinnvolles
Verhalten.)

Zusammenfassung

Die durch das Aufwärmen verursachte Stoffwechselsteigerung bewirkt
eine vermehrte "Anlieferung" und eine bessere Ausnutzung des Sauerstoffs sowie einen schnelleren Abtransport des Kohlendioxids und
anderer Abfallprodukte durch:

- erhöhten pulmonalen Gasaustausch aufgrund höherer Atemzeit- und
  Herzzeitvolumina,

- schnelleren Transport der Atemgase durch das gesteigerte Herzzeitvolumen (Blutzirkulation),

- verbesserten Austausch im Gewebe durch eine schnellere Blutzirkulation, eine größere Austauschfläche (Kapillarisierung) und ver-
  änderte Bindungseigenschaften des Hämoglobins.

5.3 Neurodynamik

Die Temperaturerhöhung im Körper durch Aufwärmen führt nicht nur zu
einer Anregung der Stoffwechselprozesse, sondern sie wirkt sich
ebenfalls auf die Neurodynamik, also auf das neuromuskuläre Zusammen-
spiel aus.

Nach DE MAREES (1979, 333) steigt die Geschwindigkeit, mit der Nervenimpulse weitergeleitet werden, mit der Körpertemperatur an. Auch
die Empfindlichkeit der Rezeptoren in Haut, Muskeln und Sehnen ist
temperaturabhängig. So wissen wir beispielsweise aus Erfahrung, daß
die Hautsensibilität in den Fingern bei Kälte stark beeinträchtigt
ist. Bei einer Hauttemperatur von 20 °C beträgt die Sensibilität
der Hautrezeptoren nur etwa ein Sechstel der Empfindlichkeit bei
35 °C, bei 5 °C reagieren sie weder auf Berührung noch auf Druck
(vergl. DE MAREES 1979, 333). DE MAREES zieht daraus etwas pauschal
den Schluß: "Folglich führt Abnahme der Körpertemperatur zu einer
Verschlechterung, Zunahme zu einer Verbesserung der körperlichen
Leistungsfähigkeit".

Exakte Angaben über das Verhalten der Rezeptoren bei Temperaturen
oberhalb 35 °C sind in der Literatur nicht zu finden. ISRAEL (1977,
387) spricht bei leichter Tempertursteigerung von "... Anzeichen
dafür, daß die Ansprechbarkeit von Rezeptoren erhöht wird ...".
Die Erhöhung dieser Ansprechbarkeit hat natürlich ihre Grenzen.
Wir müssen auch hier von einem optimalen Temperaturbereich für die
Arbeitsfähigkeit der Rezeptoren ausgehen.

Da Koordination und Präzision der Bewegungen von den Informationen
der Rezeptoren abhängen, sind in diesem optimalen Temperaturbereich
die besten Voraussetzungen für koordinative Leistungen, ökonomische
Bewegungen und gutes Bewegungsgefühl gegeben.

Es gibt bereits Untersuchungen, in denen bei Judokas eine Verkürzung der Tastreaktionszeiten nach spezifischem Aufwärmen festge-
stellt wurde. Überhaupt lassen sich auch Reaktionsfähigkeit, Auf-
merksamkeits- und Wahrnehmungsleistungen (besonders die optische
Wahrnehmung) durch gezieltes Aufwärmen verbessern (vergl. ISRAEL
1977, 388 und DE MAREES 1979, 334).

5.4 Muskulatur

Auch auf die Muskulatur wirkt sich das Aufwärmen leistungsfördernd aus: Nach ISRAEL (1977, 386) erhöhen sich Kraft, Schnelligkeit und Ausdauer der Muskelkontraktionen.

Durch die Temperatursteigerung werden nicht nur die chemischen Vorgänge beschleunigt, es verringern sich zugleich innere Widerstände (visköse und elastische Widerstände) im Muskel. Kontraktion und Entspannung können in schnellerer Folge ausgeführt werden. Die Folgen sind höhere Beweglichkeit, niedrigerer Energieverbrauch, leichtere Gelenkbeweglichkeit und geringere Verletzungsanfälligkeit. Nach MASTEROVOJ (1967, 16) führt ein richtig durchgeführtes Aufwärmen auch zu einer verminderten Krampfneigung. Bei einem zu intensiven Beginn der Aktivität entstehen Überspannungen, die eine Verminderung der Blutzirkulation und der Austauschprozesse bewirken, damit die Leistungsfähigkeit senken und zu erhöhter Krampfneigung führen. Grundsätzlich liegen im optimalen Muskeltonus wesentliche Voraussetzungen für eine gesteigerte Leistungsfähigkeit.

So stellt ISRAEL (1977, 387) in diesem Zusammenhang leistungsbegünstigende Veränderungen des Muskeltonus durch Aufwärmen fest: "Die Entspannungsfähigkeit des Arbeitsmuskels ist erhöht, was für maximal schnelle oder präzise Bewegungen (Verhalten der Antagonisten) ebenso wichtig ist wie für zyklisch-ausdauernde Bewegungsabläufe (Minimierung des Energieverbrauchs)".

5.5 Gelenke

Der Gelenkknorpel hat beim Erwachsenen keinen direkten Anschluß an das Blutsystem. Er wird allein über die Gelenkflüssigkeit ernährt, die in der Gelenkinnenhaut produziert und in den Gelenkinnenraum abgegeben wird.

Durch Bewegung des Gelenkes wird die mit Nährstoffen angereicherte Gelenkflüssigkeit durchmischt und zum Teil in den Knorpel hineingepreßt. Läßt der Druck nach, so kann sie wieder austreten und Ab-

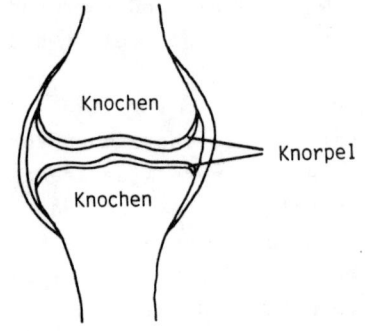

Schematischer Gelenkaufbau
(mod. nach COTTA 1983, 36)

Beim Erwachsenen wird der
Gelenkknorpel allein über
die Gelenkflüssigkeit er-
nährt. Für den physiolo-
gischen Vorgang ist Be-
wegung erforderlich.

fallprodukte des Knorpelzellstoffwechsels an die Gelenkinnenhaut
und damit an die Blutgefäße weiterleiten. Die Ernährungsbedingungen
in den Gelenkknorpeln lassen sich also durch Bewegung verbessern
(vergl. COTTA 1983, 23 u. 27/28 und BRENKE/DIETRICH/BERTHOLD 1986,
57).

Zudem kommt es zu einer Verdickung (Aufschwemmung) der Knorpel-
schicht auf den Gelenken (vergl. DE MAREES 1979, 334). Nach KNEBEL
(1985, 23) ist schon bei kurzzeitiger Belastung eine Zunahme der
Gelenkknorpeldicke festzustellen, die sich in Ruhe wieder reduziert.
Diese Feststellung ist für das Aufwärmen vor einer sportlichen Leistung bedeutsam, denn durch die Verdickung des Knorpels können ein-
wirkende Kräfte besser aufgefangen werden.

Diese Vorgänge spielen z.B. im Krafttraining eine wichtige Rolle,
da hier die Gelenke einer hohen Beanspruchung unterliegen. Um den
Effekt der Knorpelverdickung zu ereichen, werden im Krafttraining
zum Aufwärmen häufig "Kreisbewegungen um jedes Gelenk" empfohlen
(vergl. GROSSER/EHLENZ/ZIMMERMANN 1984, 38). Bei dieser Empfehlung
geben wir zu bedenken, daß Gelenke möglichst achsengerecht bewegt
werden sollten. Kreisbewegungen sollten daher nur bei Kugelgelenken
Anwendung finden.

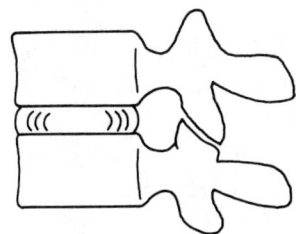

Wirbelkörper mit Bandscheibe
(mod. nach COTTA 1983, 59)

Auch für die Zwischenwirbelscheiben (Bandscheiben) gilt
das Prinzip der Ernährung
durch Wechseldruckbelastung

(vergl. BRENKE/DIETRICH/
BERTHOLD 1986, 57)

Nicht nur im Krafttraining, sondern auch in den Sportspielen und
vielen anderen Sportarten kommt es teilweise zu Extrembelastungen
der Gelenke. Neben Größe, Zahl und Dauer der den Knorpel treffenden
Druckstöße ist die Größe der Druckaufnahmefläche entscheidend. GROH
(1962, 139) hält Stoßbelastungen von rund 50 Kilogramm pro Quadrat-
zentimeter Knorpel bei jedem Laufschritt für wahrscheinlich. (Unverhältnismäßig höher belastend ist aber z.B. die Arbeit der Bergleute
im Knien.)

Um eine funktionelle Überbeanspruchung und daraus resultierenden
bzw. dadurch beschleunigten Knorpelverschleiß weitestgehend zu vermeiden, muß der Knorpel optimal mit Nährstoffen versorgt werden.
Richtiges Aufwärmen und natürlich eine saubere Technik schaffen dafür die besten Voraussetzungen.

6 PSYCHISCHE AUSWIRKUNGEN DES AUFWÄRMENS

Die psychischen Auswirkungen des Aufwärmens sind abhängig von der Persönlichkeitsstruktur des Sportlers und von den besonderen Umständen, unter denen das Aufwärmen stattfindet.

Als wichtigste Auswirkungen sind zu nennen:

1. Motivation und Einstimmung
2. Regulation des Erregungsgrades
3. Psychischer Rückhalt
4. Mobilisierung von Reserven

1. Motivation und Einstimmung

Die Aufwärmphase - besonders vor einer Trainingseinheit - hat die Funktion, den Sportler zu motivieren und auf die nachfolgende Belastung einzustimmen. Ihm soll der Übergang aus seinem Alltag (Schule, Beruf) erleichtert werden, und zwar nicht nur körperlich - von vielleicht sitzender Tätigkeit zu hoher motorischer Aktivität -, sondern auch psychisch. Das heißt in den meisten Fällen: Er muß schulische, private oder berufliche Probleme so gut er kann ausblenden und sich ganz auf das Training konzentrieren.

Steht im Vordergrund der Aspekt der Motivation, so sollte das Aufwärmen möglichst anregend und variabel gestaltet werden. Geht es vor allem um die Einstimmung, so ist ein ruhiger Beginn wichtig.

2. Regulation des Erregungsgrades (Psychoregulation)

Der Druck eines näherrückenden Wettkampfes spiegelt sich im Erregungsgrad des Sportlers (Vorstartzustand) wider. Dieser Erregungsgrad kann je nach Typus des Aktiven und nach der speziellen Situation von sehr hoch (Startfieber) bis sehr niedrig (Startapathie) variieren. Zwischen diesen beiden Extrema liegt der Bereich der optimalen Wettkampfbereitschaft (vergl. Kapitel VII, Abschnitt 3.3).

Um den Vorstartzustand zu beeinflussen, d.h. ihn soweit wie möglich
der optimalen Wettkampfbereitschaft anzugleichen, gibt es verschiedene Verfahren, die man als psychoregulative Verfahren bezeichnet.
Dazu zählen beispielsweise das Autogene Training und die Progressive
Muskelrelaxation (vergl. SAMULSKI 1982).

Neben diesen Verfahren ist aber auch das Aufwärmen hervorragend geeignet, Einfluß auf den Erregungsgrad eines Sportlers zu nehmen.
Richtiges Aufwärmen gibt dem Aktiven die Möglichkeit, den auf ihm
lastenden Druck durch Bewegung zu reduzieren und mögliche Verkramp-
fungen bei Wettkampfbeginn zu vermeiden, ohne dabei die Leistungsfähigkeit durch eine Vorermüdung zu beeinträchtigen (vergl. STEIN-
BACH 1976, 87/88 und ISRAEL 1977, 389).

3. Psychischer Rückhalt

Im Zusammenhang mit dem letztgenannten Punkt ist die Tatsache zu
sehen, daß ein "vertrautes" Aufwärmprogramm dem Aktiven einen gewissen psychischen Rückhalt bieten kann. Gerade in fremder Umgebung
oder vor einem besonders wichtigen Ereignis kann es ihm helfen,
seine Nervosität und Unsicherheit besser zu bewältigen.

4. Mobilisierung von Reserven

Dieser Punkt betrifft besonders Mannschaften bei ihrer Wettkampfvorbereitung. Durch ein gleichsam ritualisiertes Aufwärmen mit ab-
schließendem Schlachtruf, dem sogenannten "Einschwören", versucht
man, in der Mannschaft das "Wir-Gefühl" (Teamgeist) zu betonen und
dadurch kämpferische Reserven freizusetzen (vergl. SYER/CONNOLLY
1987, 23/24). Durch die äußere Form des Aufwärmens (z.B. Innenstirnkreis, nach außen geschlossene Formation) läßt sich ein zusätzlicher Eindruck des Zusammenhalts des Teams bei der gegnerischen Mannschaft erzielen und der Teamgeist noch verstärken.

Auch außerhalb der Mannschaftssportarten ist sehr häufig eine Ritualisierung des Aufwärmens bzw. der Wettkampfvorbereitung zu beobachten. Je nach Mentalität reicht sie von der Verwendung "des Aufwärmprogrammes, nach dem man seine größten Erfolge hatte", über

Maskottchen bis zu (ritualisierten) Handlungen, die mit dem Aufwärmen nichts zu tun haben. ISRAEL (1977, 389) meint dazu: "Ein Sportler wird bevorzugt jenes Aufwärmen wiederholen, nach dem er (aus
welchem Grund auch immer) einen großen sportlichen Erfolg hatte".

Neben den genannten positiven Aspekten und einer Stärkung des Selbst-
vertrauens bewirkt die Ritualisierung leider auch, daß viele Sportler im Bereich des Aufwärmens weniger experimentierfreudig werden
und "Traditionen" weniger kritisch betrachten, so daß diese sich oft
allzu lange halten können.

VIII   ZUR OBJEKTIVIERUNG AUSGEWÄHLTER AUFWÄRMPROGRAMME
(Interpretation der Herzfrequenzkurven)

Für die Beurteilung der Effektivität eines Aufwärmprogrammes lassen
sich die verschiedensten Parameter heranziehen. Hier sind Größen
wie die Erhöhung der Körperkerntemperatur, die Ökonomisierung der
Stoffwechselprozesse (z.B. Veränderungen des Atemäquivalentes, Anstieg des Sauerstoffaufnahmevermögens), die Zunahme der Beweglichkeit, die Verbesserung der Aktionsfähigkeit des Nervensystems und
der sportartspezifischen Koordinationsfähigkeit von großem Inter-
esse. Ihre Kenntnis wäre eine wertvolle Information für die Opti-
mierung spezifischer Aufwärmprogramme. Leider sind die meisten der
genannten Parameter nur mit einem großen technischen Aufwand zu
objektivieren und zudem fast ausschließlich unter Laborbedingungen
zu ermitteln. In vielen Fällen würde außerdem der natürliche Ablauf
des Aufwärmprozesses durch derartige Untersuchungen gestört werden.

Eine wichtige und aussagekräftige Information über den Einfluß des
Aufwärmprogrammes auf das physische Befinden des Sportlers ist aus
dem Verhalten der Herzfrequenz zu entnehmen. Die Herzfrequenz als
Indikator für die Belastung des Herz-Kreislaufsystems läßt sich im
Gegensatz zu vielen anderen Parametern mit einem relativ geringen
Aufwand an Zeit und Geräten während der Durchführung der Übungen
messen. Zur Aufzeichnung der Herzfrequenz wurde von uns das Puls-
meßsystem Sport Tester PE 3000 der Firma Polar Electro verwendet.
Mit diesem Gerät kann die Herzfrequenz während der Belastung und
ohne störenden Einfluß auf den Ablauf des Aufwärmprozesses regi-
striert und abgespeichert werden. Der Sport Tester besteht aus
zwei Teilen: einem kleinen Sender, der an einem elastischen Gurt
fest auf der Brust getragen wird, und einer Uhr mit integriertem
Empfänger bzw. Speicher, die sich bequem am Handgelenk tragen läßt.
Nach der Beendigung der Aufwärmübungen werden die gespeicherten
Daten mithilfe des Kleincomputers CANON X-07 abgerufen und mit dem
zugehörigen Drucker CANON X-710 graphisch dargestellt.

Im Folgenden werden sechs der vorgestellten Aufwärmprogramme
(Leichtathletik, Volleyball, Rudern, Judo, Fitnesstraining, Ganzkörpergymnastik) anhand graphischer Darstellungen des Herzfrequenz-
verhaltens verschiedener "Test-Personen" dokumentiert. Die Kurven
kennzeichnen den Einfluß der Übungen und Übungsblöcke auf das Herz-
Kreislaufsystem innerhalb bestimmter Aufwärmprogramme. Mit diesen
Informationen ist es möglich, das jeweilige Aufwärmprogramm unter
dem Gesichtspunkt der Gesamtbelastung und der Ausgewogenheit der
Belastungsverteilung zu beurteilen. Hinsichtlich der Belastung sollte ein langsamer und kontinuierlicher, physiologisch optimaler Anstieg der Herz-Kreislaufbelastung angestrebt werden, um eine zu hohe
Intensität zu Beginn der Erwärmungsphase zu vermeiden.

Da die Amplitude und das dynamische Verhalten der Herzfrequenz be-
kanntlich vom Alter und Trainingszustand, von der Tageszeit, vom
Wetter und von psychischen Komponenten beeinflußt wird bzw. ab-
hängt, eignen sich die Kurven verschiedener Personen nur bedingt
zu einem Vergleich. Dies ist besonders beim Vergleich der hier vorgestellten Programme zu berücksichtigen (die abgebildeten Herzfrequenzkurven stammen alle von verschiedenen Personen).

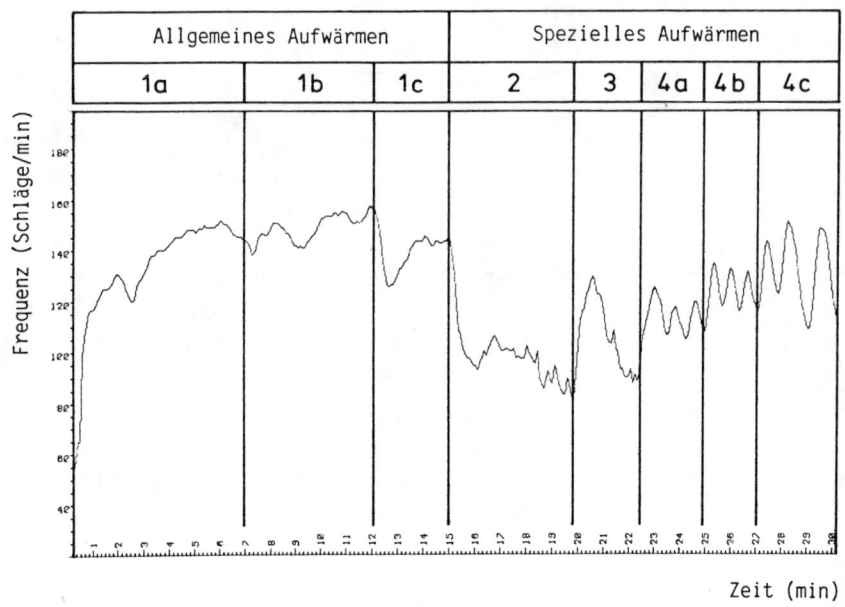

Zeit (min)

Aufwärmprogramm Leichtathletik

Im Verlauf der Herzfrequenzkurve sind deutlich drei Abschnitte zu erkennen, die den Aufbau des Aufwärmprogrammes widerspiegeln:

- Allgemeines Aufwärmen: 1a-1c
- Dehn- und Kräftigungsübungen: 2 und 3
- Sportartspezifische Koordinationsübungen: 4a-4c

Zu 1a-1c: Programmgemäß soll das allgemeine Aufwärmen mit ruhigem Traben (1a) beginnen. Diese Vorgabe ist vom Probanden nicht genügend beachtet worden (Nervosität aufgrund der Testsituation). Da es sich hier um einen trainierten Sportler handelt, der eine Herzfrequenz von 150 Schlägen

pro Minute erst bei einer relativ hohen Laufgeschwindigkeit erreicht, sollte zur Vermeidung einer frühzeitigen
Ermüdung im späteren Techniktraining die Herzfrequenz in
diesem Fall besser zwischen 125 und 135 Schlägen pro Minute betragen. Während der anschließenden Laufgymnastik
(1b) mit ihren weiträumigen Ganzkörperbewegungen sind dagegen höhere Herzfrequenzwerte angemessen. Die am Ende
des allgemeinen Aufwärmens stehende Koordinationsgymnastik (1c) stellt mit ihren verschiedenen Sprungkombinationen ebenfalls relativ hohe Anforderungen an das Herz-
Kreislaufsystem. Untrainierte Personen sollten deshalb
gegebenenfalls auf diese Übungen verzichten.

Zu 2 und 3: Deutlich erkennbar ist der Abschnitt Muskeldehnung (2).
Die durchgeführten statischen Dehnübungen stellen keinen Reiz auf das Herz-Kreislaufsystem dar, so daß es
hier zu einem sichtbaren Abfall der Herzfrequenz kommt.
Ein Kurvenanstieg tritt bei der Ausführung der prophylaktischen Kräftigungsübungen (3) ein.

Zu 4a-4c: Nahezu idealtypisch ist der kontinuierliche Anstieg der
Herzfrequenz während der sportartspezifischen koordinativen Einstimmung (4) mit den Übungen des Sprint-ABC.
Gut zu erkennen sind die jeweils drei Wiederholungen
der Fußgelenksarbeit (4a), der Kniehebeläufe (4b) und
der Steigerungsläufe (4c).

Abgesehen vom zu hohen Einlauftempo - die Laufgeschwindigkeit kann
allerdings leicht kontrolliert werden - spiegelt der Verlauf dieser
Herzfrequenzkurve die beabsichtigte Belastungsverteilung wider: zu
Beginn der Aufwärmarbeit der kreislaufintensivierende Einsatz großer Muskelgruppen mit dem Ziel der Erhöhung der Körperkerntemperatur, in der Dehn- und Kräftigungsphase eine deutliche Kreislaufbe-
ruhigung und zum Ende des Aufwärmens eine erneute kontinuierliche
Steigerung der Kreislauftätigkeit.

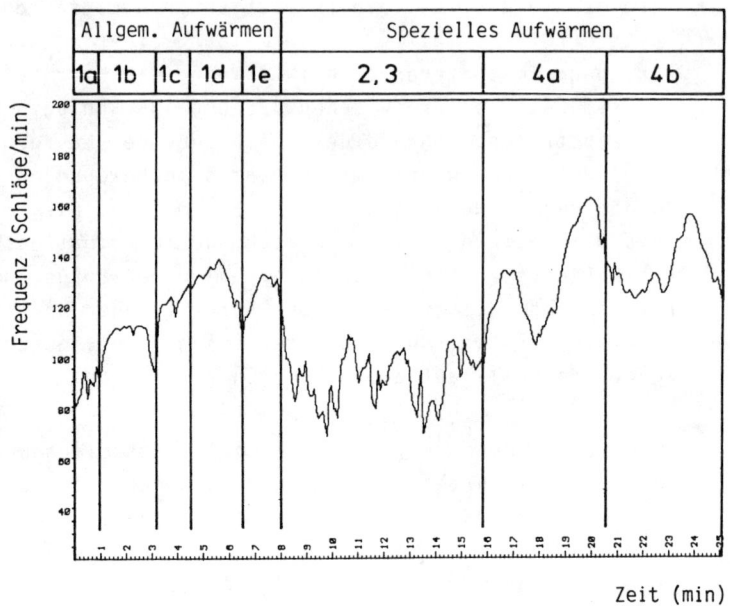

Allgem. Aufwärmen					Spezielles Aufwärmen		
1a	1b	1c	1d	1e	2,3	4a	4b

Zeit (min)

Aufwärmprogramm Volleyball

Auch bei dieser Herzfrequenzkurve lassen sich die Abschnitte des
allgemeinen Aufwärmens (1a-1e), der Dehn- und Kräftigungsübungen
(2 und 3) und der volleyballspezifischen Einspielformen (4a und 4b)
unterscheiden.

Zu 1a-1e: Die wichtigsten Forderungen an das allgemeine Aufwärmen sind ein ruhiger Beginn und ein nur langsamer
Anstieg der Belastung. Sie sind in diesem Falle erfüllt, lediglich im Abschnitt 1d hätte die Herzfrequenz etwas niedriger sein können. Die Übung
"Ballkreislauf" muß also noch ruhiger durchgeführt

werden. Das kurze Absinken der Kurve etwa in der
3. und 6. Minute ist durch den Wechsel der Übungen
und kurze Ansagen bedingt.

Zu 2 und 3: Da es während der Dehnübungen zu einer Beruhigung
des Herz-Kreislaufsystems kommt, ist es wichtig, die
Übungen zwar nicht hastig, aber doch zügig nacheinander durchzuführen. Das ist hier geschehen. Die anschließenden Kräftigungsübungen regen das Herz-
Kreislaufsystem wieder an, die Herzfrequenz liegt
jetzt zwischen 90 und 110 Schlägen pro Minute.

Zu 4a und 4b: Im Übungsteil 4a weist die Kurve zwei ausgeprägte Erhebungen auf. Der Sportler führte hier die Kontrastaufgaben zunächst im Pritschen und dann im Baggern
aus. Während des Baggerns kommt es zu einer höheren
Belastung des Herz-Kreislaufsystems, was in erster
Linie daran liegt, daß das Zuspiel der Partner beim
Baggern ungenauer ist als beim Pritschen.

Während der Aufgaben sinkt der Puls des Probanden
auf 135 bis 125 Schläge pro Minute ab, liegt dann
aber in der 23. und 24. Minute noch einmal deutlich
höher. In dieser Zeit nahm der Spieler die Aufgaben
seiner Mitspieler an, wurde also in puncto Reaktions-
schnelligkeit besonders gefordert.

Aus dieser Herzfrequenzkurve läßt sich entnehmen, daß der Sportler
die Übungen insgesamt angemessen dosiert hat. Er ist für das anschließende Spiel gut vorbereitet.

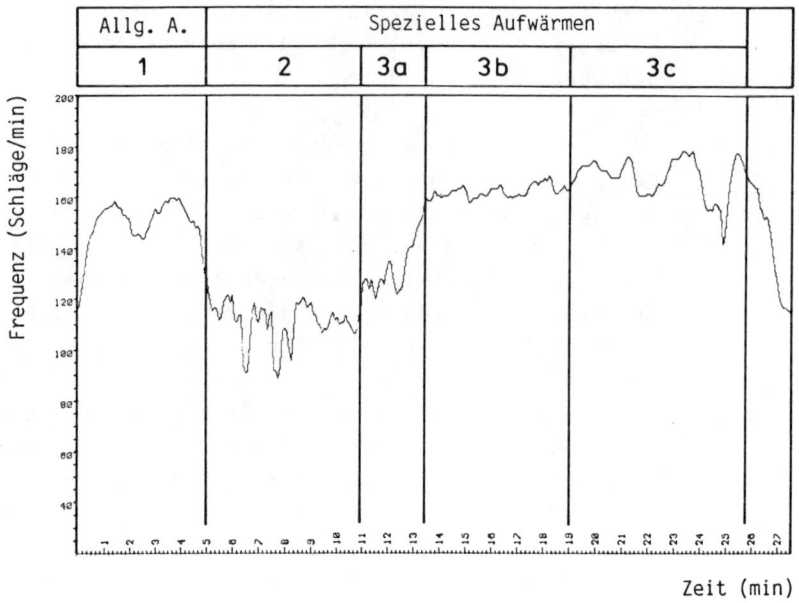

Zeit (min)

Aufwärmprogramm Rudern

Die abgebildete Herzfrequenzkurve des Aufwärmprogrammes Rudern dokumentiert eine im Vergleich mit den anderen Aufwärmprogrammen deutlich höhere Belastung der Test-Person. Im Abschnitt "Einrudern" (3)
liegt der Puls zum größten Teil über 160 Schläge pro Minute. Da es
sich in diesem Fall um eine Wettkampfvorbereitung für ein 2000-m-
Rennen handelt, ist die höhere Intensität in diesem Abschnitt aber
angemessen.

Zu 1:   Die Herzfrequenz der Sportlerin liegt bereits zu Be-
          ginn des Aufwärmens relativ hoch, was auf ihre Auf-
          regung zurückzuführen ist (Vorstartzustand). Während
          des Einlaufens kommt es zweimal zu Erhebungen im
          Kurvenverlauf. Sie spiegeln tatsächlich das "Profil"

des Geländes wider, denn die Sportlerin mußte eine
leichte Anhöhe überwinden und auf demselben Wege wieder zurück laufen. Die Intensität des Einlaufens liegt
im ganzen etwas zu hoch, ein niedrigeres Lauftempo
ist der Anfangsphase des Aufwärmens angemessener. Es
sollte sich auch möglichst auf ebenen Laufstrecken
eingelaufen werden.

Zu 2:   Bei den Dehn- und Kräftigungsübungen liegt die Herzfrequenz etwas höher als erwartet. Da bei der Durchführung der Übungen nichts Ungewöhnliches auffiel,
ist zu vermuten, daß psychische Einflüsse eine Rolle
gespielt haben. Diese Annahme wird dadurch gestützt,
daß die Auswirkungen psychischer Einflüsse erfahrungsgemäß bei statischen Übungen stärker sind als bei dynamischen Übungen.

Vom zeitlichen Umfang her liegt dieser Abschnitt der
Aufwärmarbeit an der unteren Grenze. Bei optimalen
Voraussetzungen sollten etwa 8 Minuten eingeplant wer-
den.

Zu 3a-3c: Der detaillierte Aufbau des Einruderns ist dem Aufwärmprogramm (siehe Seite 86/87) zu entnehmen. Die Herzfrequenz beträgt 120 Schläge pro Minute zum Zeitpunkt der
11. Minute und steigt im Verlauf des "Schlagaufbaus" mit
einem kleinen Einbruch (Richtungskorrektur) auf ca. 160
Schläge pro Minute an. Während des "Locker Ruderns" liegt
sie relativ gleichmäßig oberhalb 160 Schlägen pro Minute
und erreicht dann im Übungsabschnitt "Belastungswechsel"
(ab der 19. Minute) teilweise 180 Schläge pro Minute.

Kurz vor dem Ende dieser Aufwärmphase (zwischen der 24.
und 25. Minute) hält die Sportlerin an, macht sich zum
Start bereit und führt dann einen Start mit 10 Spurtschlägen durch. Es folgen einige lockere Schläge und danach zwei Minuten, in denen sie am Start liegt (Ausrich-
ten der Boote). Das schnelle Absinken der Herzfrequenz
während dieser Zeit deutet auf einen guten Trainingszustand hin.

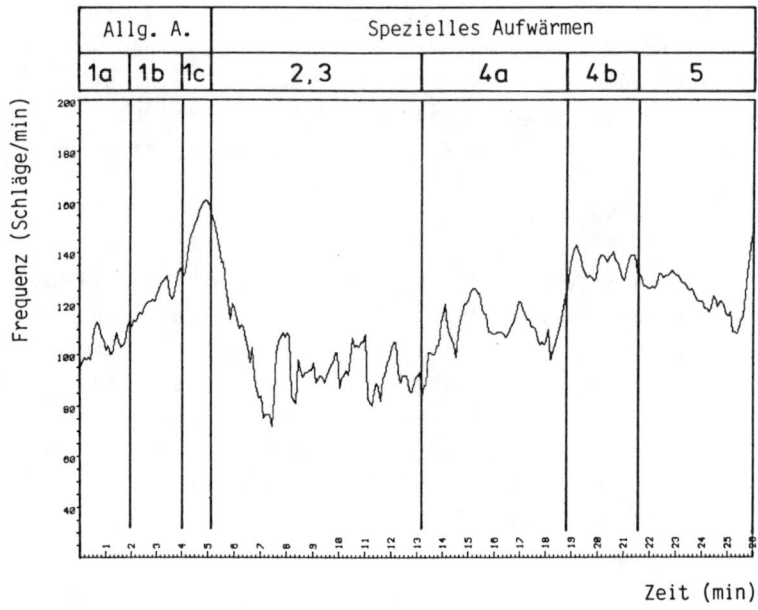

Allg. A.			Spezielles Aufwärmen			
1a	1b	1c	2,3	4a	4b	5

Zeit (min)

Aufwärmprogramm Judo

Die Herzfrequenzkurve des Aufwärmprogrammes Judo ist - bis auf den
Abschnitt 1c - durch eine relativ unauffällige Charakteristik gekennzeichnet.

Zu 1a-1c: Die Übungen 1a und 1b sind sehr gut dosiert; hinsichtlich der Intensität gewährleisten sie einen optimalen
Beginn des allgemeinen Aufwärmens. Im Abschnitt 1c
kommt es zu einem Anstieg der Herzfrequenz auf 160
Schläge pro Minute. Diese Höhe ist zwar nur von kurzer Dauer, doch sollte das Herz-Kreislaufsystem zu
diesem Zeitpunkt der Aufwärmarbeit noch nicht so stark
belastet werden. Hier ist es Aufgabe des Trainers,

die Intensität der Übungen durch Hinweise mitzuregulieren (z.B. könnte er in 1b den Rhythmus vorgeben oder in 1c nicht den Wettkampfcharakter, sondern das Spielerische der Übung in den Vordergrund stellen).

Zu 2 und 3: Die Herzfrequenz sinkt während der Dehn- und Kräftigungsübungen infolge der geringen Belastung des Herz-Kreislaufsystems ab. Die Übung 3 (in der 7. Minute) wurde in der Bodenlage ausgeführt; die Kurve erreicht hier ein Minimum und steigt durch das Aufstehen zur nächsten Übung schnell wieder an. Ein ähnlicher, wenn auch nicht so stark ausgeprägter Effekt läßt sich bei Übung 5 (in der 8. Minute) erkennen.

Zu 4a und 4b: Die Ganzkörperübungen bilden hier einen guten Übergang zu den folgenden Aufgaben. Es kommt zu einem stufenweisen Anstieg der Herzfrequenz bis auf 120 Schläge pro Minute. Nach einem kurzen Einbruch in der 14. Minute (Aufgabenwechsel) lassen sich im restlichen Abschnitt 4a zwei Erhebungen mit anschließenden Senken von jeweils etwa gleicher Zeitdauer erkennen. Die Erhebungen "zeigen" den Probanden in der Rolle des Uke (des unten liegenden Partners) während der beiden Halteübungen: Tori (der haltende Partner) hat nämlich die Aufgabe, sich beim Üben etwas zurückzuhalten, wodurch die Herzfrequenz des Sportlers in dieser Rolle etwas niedriger liegt.

Im Abschnitt 4b können deutlich die einzelnen Bahnen der Fallübungen "abgelesen" werden (vergl. Programm, Seite 104).

Zu 5: Im Abschnitt "Randori" ist es schwierig, die Herzfrequenzkurve zu deuten. Die Belastung des Herz-Kreislaufsystems ist hier von zu vielen Variablen (Art der ausgeführten Technik, psychische Anspannung, Partnerverhalten) abhängig, als daß man eine Interpretation und Bewertung vornehmen könnte.

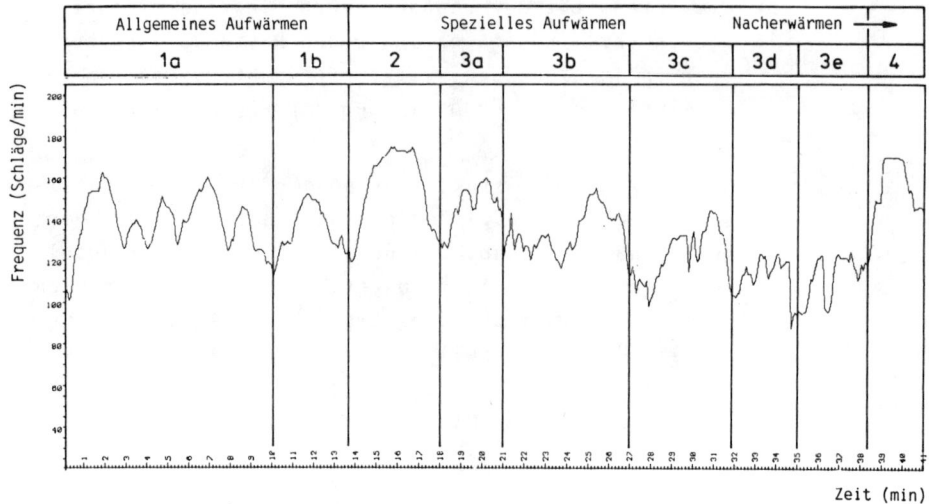

Zeit (min)

Aufwärmprogramm Fitnesstraining

Die Charakteristik dieser Kurve unterscheidet sich deutlich von den
bisher analysierten Herzfrequenzkurven. Durch die inhaltliche Gestaltung des allgemeinen Fitnesstrainings (Spiele, Gymnastik, sport-
artunspezifisches Konditionstraining) verlängert sich die Dauer der
Aufwärmarbeit auf 40 Minuten und geht "nahtlos" in den Stundenhaupt-
teil über.

Bei dem Probanden handelt es sich um einen untrainierten männlichen
Breitensportler im Alter von 35 Jahren, dessen sportliche Betäti-
gung sich auf die wöchentliche Teilnahme an dem hier durchgeführten
Fitnesstraining beschränkt.

Zu 1a und 1b: Gut zu "erkennen" sind die fünf zwischen einer halben
und zwei Minuten andauernden Zeitschätzläufe (1a).
Obwohl die Teilnehmer die Aufgabe erhielten, bewußt
langsam zu laufen (da es bei diesem Spiel nicht auf

das gelaufene Tempo, sondern auf die exakt einzuhal-
tende Laufzeit ankommt), sind in der Kurve Belastungs-
spitzen von 160 Schlägen pro Minute enthalten. Da auch
in der subjektiven Beurteilung des Kursleiters das
Lauftempo als "sehr ruhig" eingeschätzt wurde, ist unter zusätzlicher Berücksichtigung der allgemeinen Kon-
dition des Probanden die hier auftretende mittlere
Herzfrequenz von 140 Schlägen pro Minute als angemessen zu bewerten. Die relativ hohe Herzfrequenz während der anschließenden Balljagd (1b) bestätigt, daß
der Proband schon bei einer relativ geringen Belastung
(Fangen und Weitergeben eines Balles) mit einem Ansteigen der Herzfrequenz reagiert.

Zu 2:   Die Laufexperimente (siehe Seite 20) bilden den Be-
lastungshöhepunkt (ca. 175 Schläge pro Minute), der
aber nach einer vorangegangenen Erwärmungsphase von
ca. vierzehn Minuten mit relativ geringer Belastung
durchaus vertretbar ist.

Zu 3a-3e: Die anschließende Koordinationsgymnastik (3a) in Form
verschiedener Sprungkombinationen läßt sich hinsichtlich ihrer Intensität mit der des reinen Laufens
gleichsetzen. Auffällig ist hier, daß selbst bei einer relativ leichten Gymnastik (3b) die Herzfrequenz
nicht wesentlich absinkt. Eine geringe Erhöhung der
Bewegungsintensität ("Achtenkreisen", "Körperwelle")
läßt die Herzfrequenz sofort wieder ansteigen. Der
Abfall zu Beginn der Partnerübungen (3c) ist organi-
satorisch bedingt (Partnerwahl). Bei der Durchführung
von statischen Dehnübungen (3d) kommt es zu einer re-
lativen Beruhigung des Herz-Kreislaufsystems. Erwar-
tungsgemäß sollte es während der anschließenden Muskelkräftigung (3e) wieder zu einer Erhöhung der Herzfrequenz kommen. Da diese Übungen jedoch im Liegen
durchgeführt wurden, ist der Anstieg durch die Entlastung des Kreislaufsystems ausgeblieben.

Zu 4:   Das am Ende des Aufwärmprogrammes stehende Fangspiel
                 mit kurzen Sprintbelastungen führt sofort wieder zu
                 einem steilen Anstieg der Herzfrequenz.

Vergleicht man diese Kurve Kurve mit den anderen abgebildeten Herzfrequenzkurven (die von trainierten Sportlern stammen), so fällt
die während fast der gesamten Aufwärmarbeit hohe Herzfrequenz von
120 Schlägen pro Minute auf. Ohne Berücksichtigung der individuellen Voraussetzungen des Probanden könnte dieser Sachverhalt hier
leicht zu Fehlurteilen verleiten, wie z.B. dem Schluß, daß der Proband beim Aufwärmen überlastet gewesen sei. Eine Überlastung oder
auch nur eine mögliche Gefahr der Überlastung läßt sich jedoch weder aus der kritischen Analyse des Aufwärmprogrammes oder einzelner
hierin enthaltener Übungen noch aus dem äußeren Eindruck vom Übenden oder aus dessen subjektivem Gefühl während der Aufwärmarbeit
ableiten. Vielmehr muß aus den vorliegenden Herzfrequenzwerten der
Schluß gezogen werden, daß es bei Untrainierten trotz vorsichtiger
und ausgewogener Dosierung der Intensität der Übungen zu relativ
hohen Belastungen des Kreislaufes kommt. Es sollte daher beachtet
werden, daß besonders bei einem Training mit Ungeübten die Intensität der Aufwärmarbeit sorgfälltig auf die individuellen Voraussetzungen der Teilnehmer abgestimmt wird.

Aufwärmprogramm Ganzkörpergymnastik

Wie bei der Herzfrequenzkurve "Fitnesstraining" weicht auch die
Charakteristik dieser Kurve von jener der ersten vier Herzfrequenzkurven ab. Es handelt sich bei dem hier dokumentierten Ganzkörper-
programm um gymnastische Übungen, die zum großen Teil im Liegen
durchgeführt werden und zudem durch relativ geringe dynamische
Bewegungselemente gekennzeichnet sind. Daraus resultiert denn auch
der auffallend geringe Anstieg der Herzfrequenz während der Durchführung. Ungeachtet dessen handelt es sich zum Teil um anstrengende
und ungewohnte Übungen, die unter prophylaktischen Gesichtspunkten
besonders die unterentwickelten Muskelgruppen beanspruchen. Erfahrungsgemäß kommt es trotz einer relativ geringen Herz-Kreislaufbelastung zu einem ausreichenden Anstieg der Körperkerntemperatur

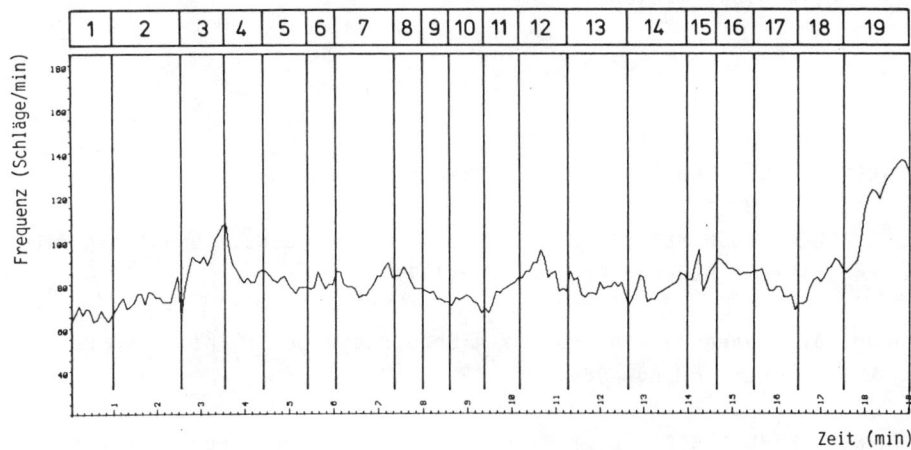

und einem damit verbundenen Schweißausbruch. Da das hier zusammen-
gestellte Gymnastikprogramm ohnehin auf ein anschließendes Krafttraining abzielt, ist eine forciertere Aktivierung des Herz-Kreislaufsystems nicht unbedingt nötig. Vor einem Schnelligkeits- oder
Techniktraining sollte das vorgestellte Programm mit entsprechenden
sportartspezifischen Aufwärmformen (z.B. Sprint-ABC) kombiniert
werden.

Die Aktivierung des Herz-Kreislaufsystems ist allerdings zu gering,
um anschließend Ausdauerleistungen (z.B. Rudern, Mittel- oder Langstreckenlauf) durchzuführen. Hier sollte eine Kombination aus dem
vorgestellten Programm und der sportartspezifischen Bewegung
(z.B. Einlaufen) erfolgen.

Der Verlauf der Herzfrequenz ist im ganzen unauffällig. Nach der relativ intensiven Übung 3 (ca. 100 Schläge pro Minute) werden alle
folgenden Übungen im Liegen durchgeführt. Im weiteren Verlauf der
Kurve treten dann leichte Schwankungen auf, die den Schwierigkeits-
graden der einzelnen Übungen entsprechen. Lediglich zum Schluß des
Aufwärmens kommt es bei der Übung 19 (sie ist mit Übung 3 identisch)
zu einem deutlichen Anstieg der Herzfrequenz (130 Schläge pro Minute). Dieser Anstieg ist unter anderem durch den Wechsel von der
Bauchlage in den Stand bedingt.

IX LITERATURVERZEICHNIS

ANDERSON, B.: Stretching. Waldeck-Dehringhausen 1982.

ASCHOFF, J./GÜNTHER, B./KRAMER, K.: Energiehaushalt und Temperatur-
regulation. München/Berlin/Wien 1971.

BLUM, B.: Regeneration: Optimale Erholung nach Training und Wettkampf. Oberhaching 1986.

BRENKE, H./DIETRICH, L./BERTHOLD, F.: Trainingsmethodische Hinweise
zur Vermeidung von Schäden am Stütz- und Bewegungsapparat. In:
Theorie und Praxis der Körperkultur 35 (1986), 1, 56-63.

BRODTMANN, D.: Sich-Aufwärmen für den Sport - warum und wie? Eine
Unterrichtsfolge für das 4. bis 7. Schuljahr. In: BRODTMANN, D./
TREBELS, A. (Hrsg.): Sport begreifen, erfahren und verändern.
Reinbek bei Hamburg 1983. S. 56-69.

COTTA, H.: Der Mensch ist so jung wie seine Gelenke. München/Zü-
rich [4]1983.

DÖBLER, E./DÖBLER, H.: Kleine Spiele. Berlin (Ost) [12]1980.

EHRIG, B.: Dehnungsgymnastik im Rudertraining. In: Rudersport 98
(1980), 30, Beih.-Trainer-Journal 1, I-IV.

FALLER, A.: Der Körper des Menschen. Stuttgart [7]1976.

FIDELUS, K./KOCJASZ, J.: Atlas der Trainingsübungen. Berlin 1981.

FINDEISEN, D./LINKE, P./PICKENHAIN, L.: Grundlagen der Sportmedizin.
Leipzig [2] 1980.

FREY, G./HILDENBRANDT, E./KURZ, D.: Laufen, Springen, Werfen.
Reinbek bei Hamburg 1984.

GARFOOT, B. P.: Aufwärmen - nur ein "Ritual"? In: Die Lehre der Leichtathletik 21 (1970), 43, 1673-1676.

GRAFF, K.-H./PRAGER, G.: Der Kreuzschmerz des Leistungssportlers. In: Leistungssport 16 (1986), 4 u. 6, 14-22 u. 31-36.

GREEN, D. A.: Die Auswirkungen des Aufwärmens auf die Leistung am Beispiel Schwimmen. In: Leistungssport 2 (1972), 6, 410-415.

GROH, H.: Sportmedizin. Stuttgart 1962.

GROSSER, M.: Die Zweckgymnastik des Leichtathleten. Schorndorf [2]1976.

GROSSER, M.: Gelenksbeweglichkeit und Aufwärmeffekt. In: Leistungssport 7 (1977), 1, 38-43.

GROSSER, M./HERBERT, H.: Konditionsgymnastik. Celle [3]1981.

GROSSER, M./EHLENZ, H./ZIMMERMANN, E.: Richtig Muskeltraining. München/Wien/Zürich 1984.

HARRE, D. (Red.): Trainingslehre. Berlin (Ost)[8]1978.

HOLLMANN, w./HETTINGER, T.: Sportmedizin - Arbeits- und Trainingsgrundlagen. Stuttgart/New York [2]1980.

HOSTER, M.: Zur Bedeutung verschiedener Dehnungsarten bzw. Dehnungstechniken in der Sportpraxis. In: Die Lehre der Leichtathletik 38 (1987), 31, 1523-1526.

HÜLLEMANN, H.-D.: Leistungsmedizin. Stuttgart 1976.

ISRAEL, S.: Das Erwärmen als Startvorbereitung. In: Medizin und Sport 17 (1977), 12, 386-391.

JAKOWLEW, N. N.: Sportbiochemie. Leipzig 1977.

KFYNFI, H. et al.: Trainingsaufbau sowie Schnelligkeits- und Aus-

dauertraining des Sprinters. (Auszüge aus dem Rahmentrainingsplan "Sprint" für das Aufbautraining). In: Die Lehre der Leichtathletik 38 (1987), 9/10, 414.

KNEBEL, K.-P.: Funktionsgymnastik. Reinbek bei Hamburg 1985.

KONZAG, G.: Psychologische Probleme des sportlichen Wettkampfes.
In: Körpererziehung 26 (1976), 6, 264-273.

KOS, B./TEPLY, Z./VOLRAB, R.: Gymnastik - 1200 Übungen.
Berlin (Ost) ^{9}1979.

KOZOCSA, I.: Basketball Lehrbuch Bd. 3. Bad Homburg v.d.H. ^{6}1979.

KUNTOFF, R./DARWISH, Z.: Wie erwärmen wir uns vor dem Wettkampf?
In: Der Leichtathlet o.Jg. (1975), 46, 5 u. 8.

LUTTER, H./RIEDER, H.: Medizinball. Übungen, Staffeln, Spiele.
Donauworth 1978.

MAEHL, O.: Beweglichkeitstraining. Ahrensburg bei Hamburg 1986.

MAEHL, O.: Muskeldehnung in der Leichtathletik. In: Die Lehre der
Leichtathletik 37 (1986), 22, 959-962.

MAREES, H. D. E.: Sportphysiologie. Köln-Mülheim ^{2}1979.

MARKWORTH, P.: Sportmedizin 1. Reinbek bei Hamburg ^{2}1984.

MASTEROVOJ, L. I.: Aufwärmung - ein Mittel gegen Muskelverletzungen.
In: Die Lehre der Leichtathletik 18 (1967), 1, 16.

MASTEROVOJ, L. I.: Die zweckmäßige Intensität der Aufwärmung. In:
Theorie und Praxis der Körperkultur 18 (1969), 6, 538-541.

MEDLER, M.: Leichtathletik. Spiel- und Wettkampfformen.
Neumünster 1986.

PIIPER, J./KOEPCHEN, H.-P.: Atmung. München/Berlin/Wien 1972.

PÖHLER, R.: Ju-do-kata. Ahrensburg bei Hamburg 1985.

PUNI, A. Z.: Abriss der Sportpsychologie. Berlin 1961.

REICHE, W.-D.: Grundlagen des "Warming Up". (Unveröff. Referat).
Kamen 1985.

REIN, H./SCHNEIDER, M.: Einführung in die Physiologie des Menschen.
Berlin/Heidelberg/New York 1971.

ROLOFF, K.: Möglichkeiten des Aufwärmens vor Wettkämpfen und ihre
Effektivität. In: Die Lehre der Leichtathletik 27 (1976), 11/12,
377-380 u. 413.

SAMULSKI, D.: Psychologisches Training im Sprint (Kurzstrecken-
lauf). In: Die Lehre der Leichtathletik 33 (1982), 1, 15-18.

SCHMIDT, P.: Psychoregulation im Leistungssport. In: Leistungssport 1 (1971), 2, 59-62.

SÖLVEBORN, S. A.: Das Buch vom Stretching. München 1983.

SONNENSCHEIN, I./TRADT, A.: Psychoregulationstraining für Leistungs-
sportler. In: Die Lehre der Leichtathletik 33 (1982), 14, 447-448.

SPRING, H. et al.: Dehn- und Kräftigungsgymnastik. Stuttgart 1986.

STEIN, N.: Nachwuchstraining im Sprint: Feststellung, Bewertung
und gymnastische Korrektur von Fußschwächen. In: Die Lehre der
Leichtathletik 33 (1982), 2, 48-50.

STEINBACH, M.: Medizinisch-psychologische Betrachtungen zum Vorstartzustand. In: Sportarzt und Sportmedizin 21 (1970), 4, 82-90.

STRAUZENBERG, S. E.: Umstellung und Anpassung des kardiovaskulären
Systems bei sportlicher Belastung. In: Medizin und Sport 18
(1978), 6, 164-171.

SYER, J./CONNOLLY, C.: Psychotraining für Sportler.
Reinbek bei Hamburg 1987.

TEICHMANN, S./SACK, H.: Das Lauf-ABC zielgerichtet für die Schulung
konditioneller und koordinativer Fähigkeiten einsetzen! In:
Körpererziehung 36 (1986), 5, 207-209.

TIRIAC, I.: Becker gegen Becker. In: SPORTS 1 (1987), 4, 164-176.

TISSOT, P. C. T. VAN: Leitfaden für das Mittelstreckentraining der
Mädchen von 8-14 Jahren. In: Die Lehre der Leichtathletik 33
(1982), 18, 703-709.

TROSSE, H.-D.: Die Bedeutung des Aufwärmens im Training und Wettkampf. In: Lehre und Praxis des Handballspiels 4 (1982), 8, 3-6.

WEBER, J./BERTHOLD, F./BRENKE, H./DIETRICH, L.: Die Bedeutung
muskulärer Dysbalancen für die Störung der athromuskulären Beziehung. In: Medizin und Sport 25 (1985), 5, 149-151.

WEINECK, J.: Optimales Training. Erlangen [4]1986.

WENDLER, H. J.: Ausgewählte Gymnastikprogramme zur Vorbereitung
und Unterstützung sportlichen Trainings und sportmedizinischer
Rehabilitation. In: Medizin und Sport 23 (1983), 4, 118-126.

WIRHED, R.: Sport-Anatomie und Bewegungslehre.
Stuttgart/New York 1984.

ZACIORSKIJ, V.: Die körperlichen Eigenschaften des Sportlers.
Berlin [3]1977.

ZIESCHANG, K.: Aufwärmen bei motorischem Lernen, Training und
Wettkampf. In: Sportwissenschaft 8 (1978), 1, 235-251.

ÜBER DIE AUTOREN

Oliver MAEHL
geb. 1957 in Hamburg;
1977-1979 Berufsausbildung im Metallhandwerk,
1980-1985 Studium und 1. Staatsexamen an der Universität
Hamburg in den Fächern Sport und Metall- und Maschinentechnik;
1986 Veröffentlichung "Beweglichkeitstraining".
Tätig als Lehrbeauftragter am Fachbereich Sportwissenschaft
der Universität Hamburg für die Bereiche Leichtathletik und
Kraft- und Beweglichkeitstraining.
Seit 1985 Landestrainer (Mittel- und Langstrecke weiblich)
im Schleswig-Holsteinischen Leichtathletik-Verband;
Leiter verschiedener Fitness-Kurse im Betriebssport und
an der Volkshochschule.

Olaf HÖHNKE,
geb. 1957 in Kiel;
Ausbildung zum Groß- und Außenhandelskaufmann,
anschließend an der Universität Hamburg zum Dipl. Sport-
wissenschaftler mit Nebenfach Psychologie.
B-Trainer Tennis und Lehrbeauftragter am Fachbereich
Sportwissenschaft der Universität Hamburg für die Bereiche
Skilauf und Tennis.

Sportwissenschaft und Sportpraxis

Herausgeber: **Clemens Czwalina**

ISSN 0342-457X

Band 3
Niedlich/Czwalina: Basketball — Teil 1: Grundlagen der Technik.
1970. 5. Auflage 1979. 116 Seiten.

Band 4
Czwalina: Der Beitrag der Leibesübungen und des Sports zur politischen Erziehung.
1965. 2. Auflage 1970. 147 Seiten

Band 30
Brettschneider/Westphal: Das Volleyballspiel.
1976. 2. Auflage 1978. 175 Seiten.

Band 37
Bornkamp-Baake: Sport in der Psychiatrie.
1981. 130 Seiten.

Band 38
Tiwald: Psycho-Training im Kampf- und Budo-Sport.
1981. 109 Seiten.

Band 39
Nitschke/Wieland (Hrsg.): Die Faszination und Wirkung außereuropäischer Tanz- und Sportformen.
1981. 190 Seiten.

Band 43
Hug: Bewegungsregulation im Sport
1982. 295 Seiten.

Band 45
Steinhöfer: Zur Leistungserfassung im Basketball.
1983. 201 Seiten.

Band 46
Artus (Hrsg.): Grundlagen zur Theorie und Praxis von Gymnastik- und Tanzunterricht.
1983. 184 Seiten.

Band 47
Christmann (Red.): Volleyball lehren und lernen.
1983. 200 Seiten.

Band 48
Letzelter: Ziele, Methoden und Inhalte des Krafttrainings.
1983. 318 Seiten.

Band 50
Tidow: Beobachtung und Beurteilung azyklischer Bewegungsabläufe.
1983. 366 Seiten.

Band 51
Andresen/Hagedorn (Hrsg): Steuerung des Sportspiels in Training und Wettkampf.
1984. 251 Seiten.

Band 53
Sachse: 60 Stunden Volleyball für die Sekundarstufe I.
1985. 125 Seiten.

Band 54
Christmann/Letzelter (Red.): Volleyball optimieren und variieren.
1985. 178 Seiten.

Band 55
Wehmeyer: Mechanische Eigenschaften von Stabhochsprungstäben unter Sicherheitsaspekten.
1986. 238 Seiten.

Sportwissenschaft und Sportpraxis

Herausgeber: **Clemens Czwalina**   ISSN 0342-457X

Band 56   **Engel: Sportivität und Geschlechtsrolle bei Schulanfängern.**
1986. 255 Seiten.

Band 57   **Andresen (Hrsg.): Beiträge zur Sportspielforschung.**
1986. 247 Seiten.

Band 58   **Christmann/Letzelter (Red.): Spielanalysen und Trainingsmaßnahmen im Volleyball.**
1986. 216 Seiten.

Band 59   **Preiß: Computersimulation zur Entwicklung sportmotorischer Techniken.**
1987. 125 Seiten.

Band 60   **Schmidt: Wahrnehmungs- und Reaktionsleistungen von Sportspielern.**
1987. 298 Seiten.

Band 61   **Olivier: Bewegungslernen mit Zeitlupendarstellungen.**
1987. 207 Seiten.

Band 62   **Rudel: Tennis-Methode Definiertes Timing.**
1987. 142 Seiten.

Band 63   **Dannenmann (Red.): Entwicklungen und Trends im Volleyball.**
1987. 272 Seiten.

Band 64   **Reuter: Therapie und Prophylaxe bei Verletzungen und Überlastungsschäden im Langstreckenlauf.**
1987. 259 Seiten.

Band 65   **Maier: Leistungsfähigkeit und Leistungsstabilität im Tennis.**
1988. 204 Seiten.

Band 66   **Czwalina: Systematische Spielerbeobachtung in den Sportspielen.**
1988. 156 Seiten.

Band 67   **Maehl/Höhnke: Aufwärmen.** Anleitungen und Programme für die Sportpraxis.
1988. 188 Seiten.

Band 68   **Borkenstein: Fanfreundschaften im Fußball.**
1988. 116 Seiten.

Band 69   **Letzelter/Scholl: Methodologische Probleme in der Sportspielforschung.**
1988. 124 Seiten.